USA-DIE OSTKÜSTE

Unten, in den großen Hallen, aus denen der Weg geradeaus, frei und ungehindert nach Amerika hinausführt, warten die Glücklichen lärmend, essend, singend und schwatzend … auf die Fähren, die sie nach Manhattan … New Jersey, Long Island hinüber befördern werden … Ein Glockensignal reißt alle Tore auf. Draußen stehen die Fähren bereit, sie werden uns alle hinüber bringen nach dem verheißenen Land, Manhattan, der downtown der Wolkenkratzer, westlich von Ellis-Eiland … westlich von der wunderbaren Statue der großen Göttin … sieh, wie sie die Fackel über ihr besterntes Haupt hebt, diese Fackel, die den Völkern der Welt leuchten soll, wenn Nacht über das Meer hereingebrochen ist.

Arthur Holitscher, um 1930

◁ *Die Freiheitsstatue auf einer kleinen Insel vor Manhattan – für Millionen Einwanderer ein Symbol der Hoffnung und des Neubeginns.*

Von der Brooklyn Bridge bietet sich ein großartiger Blick auf den Financial District New Yorks (oben).

USA - DIE OSTKÜSTE

FOTOGRAFIE CHRISTIAN HEEB TEXT JÖRG VON UTHMANN FRIEDRICH W. HORLACHER

BUCHER

INHALT

Bildkapitel · Christian Heeb
24 Neuengland
50 New York
70 Pennsylvania, Atlantic City
94 Washington, D.C., Maryland und Virginia
124 Die Carolinas und Georgia
152 Florida

Jörg von Uthmann
13 WO EINMAL ALLES ANFING: DIE AMERIKANISCHE OSTKÜSTE
14 *Von edlen und anderen Wilden: Indianer an der Ostküste*
17 Das Vermächtnis der Puritaner
19 Die Ivy League – Studium mit Gütesiegel
20 New York – das Tor zur Neuen Welt
23 Das Land der unbegrenzten Möglichkeiten
47 Washington – das Hauptquartier der Macht
49 *Vom Geist Neuenglands: Literaten in Concord, Massachusetts*
63 Der Untergang des Alten Südens
68 Der lange Weg zur Freiheit

86 Drogen – Amerikas verlorener Krieg?
91 Urlaubsziel mit ganzjähriger Saison
104 *Das »Hauptstadt-Projekt«: Washington, D. C.*
Friedrich W. Horlacher
115 GEOGRAPHIE GESCHICHTE · KULTUR Ein Glossar

115 Allgemeine Informationen
116 Neuengland
118 Die Mittleren Atlantikstaaten
120 *Herrenhäuser und Sklavenhütten: Das Plantagensystem des Südens*
121 Die Südstaaten
122 Florida
143 Sehenswerte Orte und Landschaften von A bis Z
151 *Reichtum verpflichtet: Die Sommerresidenzen in Newport*
173 Sehenswerte Naturschutzgebiete von A bis Z
176 Karte
177 Register
180 Text- und Bildnachweis

◁ NEW HAMPSHIRE *Eine kleine weiße Holzkirche, eine überdachte Brücke, Laubwälder: Dörfer wie Stark sind nicht nur ein Wahrzeichen Neuenglands, sondern für viele Amerikaner auch der Inbegriff von «Hometown America», einer friedvollen ländlichen Idylle fernab der Hektik der Städte.*

SHENANDOAH NATIONAL PARK *Sonnenuntergang über den sanftgewellten Bergrücken der Blue Ridge Mountains im Shenandoah National Park, nordwestliches Virginia.*

BEAUFORT *Herrschaftliche Villen, verborgen in schattigen Gärten von tropischer Üppigkeit – das nostalgische Flair der kleinen Hafenstadt Beaufort in South Carolina hat auch Regisseure beeindruckt, die den abgeschiedenen Ort als Schauplatz ihrer Filme wählten.*

FORT LAUDERDALE

Das ganzjährig milde Klima und die endlosen Sandstrände machen Florida, den südlichsten Bundesstaat der USA, zu einem begehrten Reiseziel. Im Bild der Strand von Fort Lauderdale, einer quirligen kleinen Stadt nördlich von Miami.

Mit seiner herrlichen Küste und den vorgelagerten Inseln ist South Carolina ein Geheimtip unter Naturfreunden. Hier die subtropische Vegetation des Hunting Island State Park mit den niedrigen Palmetto-Palmen, die dem Staat seinen Beinamen «Palmetto State» gaben.

HUNTING ISLAND STATE PARK ▷

Jörg von Uthmann

WO EINMAL ALLES ANFING: DIE AMERIKANISCHE OSTKÜSTE

Die «Wiege der USA»: Das 1607 gegründete Jamestown war die erste dauerhafte englische Niederlassung an der Ostküste. Im Museumsdorf Jamestown Settlement bei Williamsburg, Virginia, erhält der Besucher einen faszinierenden Einblick in den Alltag der Siedler im 17. Jahrhundert.

Die europäische Besiedlung Nordamerikas begann an der Ostküste, und hier beginnen auch heute die meisten Europäer ihre Erkundung der Vereinigten Staaten. Dafür gibt es, abgesehen von der geographischen Nähe, gute Gründe: New York ist die größte und aufregendste Stadt des Landes. In Boston und Philadelphia sind die Spuren der Geschichte, in deren Verlauf aus 13 Kolonien zunächst ein unabhängiger Staat und schließlich die stärkste Macht der Erde wurde, am deutlichsten zu erkennen. Landeshauptstadt wurde freilich keiner dieser drei geschichtsträchtigen Rivalen, sondern ein nagelneues Kunstprodukt, das seinen Namen nach dem ersten Präsidenten, George Washington, erhielt. In Washington und weiter südlich überwiegt der Anteil der Dunkelhäutigen. In Virginia wurden die entscheidenden Schlachten des Bürgerkriegs geschlagen, der den Schandfleck auf dem Antlitz des jungen Staates, die Sklaverei, beseitigte. Charleston, einst die wohlhabendste Stadt des Südens und noch immer ein Schmuckstück, ist der richtige Ort, über diesen entscheidenden Einschnitt der amerikanischen Geschichte nachzudenken. Florida schließlich hat nicht nur Sonne und Sand zu bieten, sondern erinnert uns auch daran, daß neben den Angelsachsen die Hispanics – die aus der alten und die aus der neuen Welt – das Gesicht des Landes prägten.

Boston ist die größte Stadt Neuenglands. Unter diesem Sammelnamen versteht man die sechs nördlichsten Bundesstaaten – Maine, New Hampshire, Vermont, Massachusetts, Rhode Island und Connecticut. Warum die sechs Staaten diesen Namen tragen, wird, wer England kennt, sofort begreifen: Hier ist die frühere Kolonialmacht bis in den Akzent und die Architektur gegenwärtig geblieben. Die Yankees – wie die Bewohner dieses Landstrichs halb spöttisch, halb respektvoll genannt werden – fühlen sich ihren Vettern jenseits des Atlantiks immer noch eng verbunden. Es ist kein Zufall, daß die Millionäre von Newport, die ihre *cottages* mit Möbeln aus französischen Schlössern ausstatteten, ihre Ehefrauen gern aus dem britischen Hochadel bezogen. Die Paläste von Newport als «Hütten» zu bezeichnen, war ein witziges Understatement. Das Wort paßte eher auf die primitiven Unterkünfte, in denen die Pilgerväter auf der Plimoth Plantation – der Keimzelle des heutigen Plymouth – hausten. Weihnachten 1620 war ihr Schiff, die «Mayflower», vor der Küste von Massachusetts vor Anker gegangen. Die Ankömmlinge gehörten einer Sekte strenggläubiger Calvinisten an, die sich «Puritaner» nannten, da sie den Anspruch erhoben, die Reinheit *(purity)* des christlichen Glaubens zu verkörpern. Andere Gruppen Gleichgesinnter folgten. 1629 wurde Salem gegründet, ein Jahr später Boston.

Der Grund ihrer Auswanderung war die Unduldsamkeit der englischen Staatskirche gegenüber Abweichlern gewesen. Wie so oft in der Geschichte wurden aus den Verfolgten bei der ersten sich bietenden Gelegenheit Verfolger. Als der Prediger Roger Williams die Gewissensfreiheit, die die Puritaner für sich selbst reklamierten, auf alle Menschen ausdehnte, wurde er vor Gericht gestellt und aus Massachusetts verbannt. Mit einigen Gesinnungsgenossen schlug er sich zu den Narragansett-Indianern durch, kaufte ihnen ein Stück Land ab und gründete die Kolonie Rhode Island. Der Staat Connecticut wiederum wurde im Jahr 1639 von Puritanern gegründet, denen es in Massachusetts zu liberal zuging.

Wie ernst die Frommen ihr Seelenheil nahmen, zeigen die Hexenprozese, die 1692/93 die Bewohner von Salem in Furcht

VON EDLEN UND ANDEREN WILDEN: INDIANER AN DER OSTKÜSTE

Ohne die Hilfe der ihnen wohlgesonnenen Indianer hätten die Pilgrim Fathers den ersten Winter nicht überlebt. Doch kaum hatten sich die Siedler in der Neuen Welt etabliert, mußte die Urbevölkerung weichen: Durch militärische Feldzüge, eingeschleppte Seuchen und Versklavung wurden die Indianer an der Ostküste so schnell dezimiert, daß sie nur wenige Spuren hinterließen.

Die meisten Indianer im Osten der heutigen Vereinigten Staaten waren verschwunden, ehe man von Staats wegen damit anfing, ihnen Lebensräume – wenn auch reduzierte – in Form von Reservaten zuzuweisen. Die wenigen, die sich dem Siedlungsdruck des «weißen Mannes» entziehen konnten, wurden auf der Grundlage eines Gesetzes von 1830 («Indian Removal Bill») in Gebiete westlich des Mississippi deportiert. Daß auch die Ostküste einst Indianerland war, ist so fast in Vergessenheit geraten.

Mit der Entdeckung der «Neuen Welt» projizierten Europäer ihre Träume und Alpträume auf das geheimnisvolle Land jenseits des großen Wassers. In Horror-Science-fiction-Manier wurden zum Beispiel Szenarien mit gruseligem Getier entworfen. Außerirdischen begegnete man dann zwar nicht, aber was man fand, war immer noch sensationell genug, um sorgfältig dokumentiert zu werden. Historische Verdienste erwarb sich vor allem der Niederländer Theodor de Bry, der 1590 damit begann, eine 14bändige Reihe von Reisebüchern mit authentischem Bildmaterial herauszugeben, die «Historia Americae». Spanische, französische und englische Entdecker und Kolonisatoren erzählen von Seminolen in Florida, Creeks im heutigen Georgia sowie Cherokees in Georgia und North Carolina. Mit ihren westlichen Nachbarn, den Choctaws und Chickasaws, machten sie unter den Ostküsten-Indianern die größten Anstrengungen, in der Welt der Weißen zu bestehen: Sie betrieben Plantagen mit Sklaven und züchteten Rinder; die Cherokees gaben sich gar eine Verfassung und brachten eine Zeitung heraus, nachdem einer der ihren, Sequoyah, ein Alphabet erfunden hatte. Gegen Ende des 18. Jahrhunderts sprach man denn auch von den «Fünf zivilisierten Stämmen».

Die europäischen Neuankömmlinge stießen auf befestigte Dörfer mit Hütten, die um einen öffentlichen Platz und ein Versammlungshaus gruppiert waren. Ihre Bewohner lebten von einer diversifizierten Landwirtschaft, die zur Zeit der Aussaat und Ernte auch Männersache war. Der Speiseplan wurde durch die Jagd ergänzt: Hirsch, Hase, Bär und wilder Truthahn gehörten zu den wichtigsten Beutetieren, im Süden auch Alligatoren und Manatis (Seekühe). Das Land war im Besitz der Frauen; Ehegatten wurden in die Familien ihrer Angetrauten aufgenommen. Die wichtigsten Jagd- und Kriegswaffen waren Pfeil und Bogen, das Blasrohr und Holzkeulen. Die Sitte des Skalpierens entstand ursprünglich im Südosten der USA und verbreitete sich

von hier aus über die Prärien und Plains über Nordamerika. Zu einer wirklich häufig angewandten Praktik wurde es allerdings erst mit der Einführung von Stahlmessern und der Aussetzung von «Skalp-Prämien» durch die Weißen.
Viel ist von den «Fünf zivilisierten Stämmen» an der Ostküste nicht übriggeblieben. Die Creeks wurden

Links: Indianerinnen in Portland, Maine. – Oben: Irokese, Osage und Pawnee (Lithographie von George Catlin, um 1844). – Rechts: Kriegszeremonie des Timucua-Häuptlings Saturioua (Kupferstich von Theodor de Bry, 1564).

1814 von der US-Armee zerschlagen. Ein Feldzug gegen die widerborstigen Seminolen verlief weniger erfolgreich, denn Splittergruppen konnten sich in die Sümpfe und Wälder Floridas absetzen, in denen sie sich heute noch aufhalten. Die Cherokees wurden 1838 mit militärischer Gewalt nach Arkansas und Oklahoma abgeschoben – von 14 000 Indianern starben über viertausend an Hunger und Erschöpfung. Der Gewaltmarsch ging als «Pfad der Tränen» *(Trail of Tears)* in die Geschichte ein. Nachkommen derer, die fliehen konnten, leben in der Cherokee Indian Reservation im Staat North Carolina.
Ein Derivat dieser Kultur entwickelte sich im Gebiet der heutigen Bundesstaaten Ohio, Pennsylvania und New York. Die dort ansässigen Cayugas, Irokesen, Mohawks, Onandagas und Oneidas sprachen eine verwandte Sprache, das *Iroquois*, und richteten ihr öffentliches und privates Leben ähnlich ein wie ihre Verwandten im Süden. Grund und Boden gehörte den Frauen, Familienklans folgten der weiblichen Linie, und ein «Rat von Matronen» berief die Häuptlinge *(sachems)* ins Amt. Auch hier war der Ackerbau diversifiziert: Die Irokesen kannten beispielsweise allein 15 Mais-, sechzig Bohnen- und acht Kürbisarten. Trotz primitiver Anbaumethoden wurden oft Überschüsse erwirtschaftet und Vorratshaltung betrieben. Grundsätzliche Unterschiede zu den südlichen Nachbarn in Kleidung, Wohnung und anderen Bereichen erklären sich aus den härteren Lebensbedingungen. Man wohnte in einem Haus mit gewölbtem Dach, dessen Außenwände aus geschindelter Ulmenrinde bestand, oder in einem Langhaus mit Giebeldach, das sich aus wärmetechnischen Gründen jeweils ein ganzer Familienclan teilte. Weil man im rauheren Norden eher auf Hilfe von oben angewiesen war, spielte die Religion eine bedeutendere Rolle. Sogar die Marter geriet zum religiösen Ritual, denn man verstand sie als Opferhandlung. Das Opfer wurde hinterher übrigens verspeist, weil man sich davon ein Häppchen persönlichen Segens versprach. Praktiken dieser Art und die Tatsache, daß es den Irokesen als einzigen Indianern gelungen war, eine politisch-militärische Konföderation auf die Beine zu stellen, verschafften ihnen das Image von grimmigen Kriegern. Ein Friedensvertrag mit den USA unter ihrem Präsidenten George Washington (1789 – 1797) schuf die Voraussetzung für ihren Fortbestand im Staat New York und an den Großen Seen. Gruppen der Irokesen-Liga finden sich auch im angrenzenden Kanada.
Umgeben waren die Irokesen im Osten, Norden und im Westen von den Wigwam-Menschen, die die Ostküste bis hinunter ins heutige South Carolina bewohnten. Zu ihnen zählten die Abenakis, Delawares, Mohicans, Narragansetts, Pequots und Wampanoags, die allesamt Dialekte des *Algonkian* sprachen. Ihre Hütten (Wigwams) bestanden aus einem Stangengerüst, dessen senkrechte Teile in der Erde verankert und an der Spitze gegeneinandergebogen wurden, so daß ein gewölbtes Dach entstand. Für die Außenhaut wurde Birkenrinde verwendet. Sie lebten vom Fischfang und von der Jagd und operierten in kleinen Verbänden, von denen jeder ein bestimmtes Revier beanspruchte. Landwirtschaft betrieben sie nur nebenbei. Dennoch lernten die europäischen Eindringlinge durch sie Mais, Tabak und Düngemethoden kennen. Gedankt wurde es ihnen nicht. Die Abenakis wurden nach Kanada vertrieben, die Delawares nach Oklahoma. Splittergruppen der Penobscots gibt es noch in Maine, Mohicans und Pequots in Connecticut und auf Long Island.

Friedrich W. Horlacher

Marksteine der frühen Geschichte Nordamerikas in historischen Gemälden und Stichen. – Links oben: William Penn (1644 – 1718), englischer Quäker und Gründer der Kolonie Pennsylvania, beim Abschluß eines Vertrags mit den Delaware-Indianern um 1681. Penns Beispiel vom friedlichen und fairen Umgang mit den Ureinwohnern machte leider keine Schule – seine Nachfolger vertrieben die Indianer erbarmungslos (Gemälde von Benjamin West, 1771). Links unten: Der erste Thanksgiving Day in der Neuen Welt – eine Gruppe der Puritaner, die 1620 in Massachusetts landeten, auf dem Weg zum Erntedankgottesdienst. – Rechts oben: An der Tampa Bay in Florida begann der spanische Eroberer Hernando de Soto 1539 die erste größere Landexpedition im Südosten der USA (kolorierter Stich, 19. Jahrhundert). – Rechts Mitte: Ein historischer Augenblick – die Vertreter der 13 abtrünnigen Kolonien unterschreiben am 4. Juli 1776 in Philadelphia die »Declaration of Independence«, die unter dem Vorsitz von Thomas Jefferson verfaßt wurde, und besiegeln damit ihre Unabhängigkeit von England (Gemälde von John Trumbull, 1795, Yale University Art Gallery, New Haven). – Rechts unten: Eine vermeintliche Hexe wird untersucht und vernommen. Die Hexenprozesse am Ende des 17. Jahrhunderts verhalfen dem neuenglischen Städtchen Salem zu trauriger Berühmtheit (Gemälde von T. H. Matteson, 1853, Essex Institute, Salem).

und Schrecken hielten. Ausgelöst hatten sie zwei phantasievolle Mädchen, die abwechselnd auf allen vieren krochen und dann wieder in eine rätselhafte Starre verfielen. Der herbeigerufene Arzt stellte die Diagnose, in die beiden sei der Teufel gefahren. Auf drängende Fragen bezichtigten die Mädchen die schwarze Pfarrköchin und zwei Nachbarinnen der Hexerei. Die drei Frauen wurden sofort verhaftet. Nun begannen andere Kinder ebenfalls Symptome der Besessenheit zu zeigen und Ortsbewohner als Hexen und Hexenmeister zu denunzieren. Bald saßen mehr als hundert Menschen hinter Schloß und Riegel. Neunzehn der Angeklagten wurden gehenkt, ein zwanzigster starb unter der Folter. Die Prozesse waren nicht etwa nur das Werk lokaler Fanatiker, sondern geschahen mit dem Segen der obersten weltlichen und geistlichen Autoritäten.

Das Vermächtnis der Puritaner

Auch wenn der Puritanismus nicht immer zu solchen Exzessen führte – bei Verstößen gegen die christliche Weltordnung kannte man in Massachusetts keinen Spaß. Nichtstun war ebenso verpönt wie das Theater, Liebesgedichte oder Orgelmusik in der Kirche. Auf Ehebruch stand die Todesstrafe; weniger schwerwiegende Verbrechen wie das Tragen seidener Gewänder oder die Mißachtung der Sonntagsruhe wurden mit Geldbußen und dem Pranger geahndet. Obwohl es die Puritaner als organisierte Gemeinde längst nicht mehr gibt, so haben sie doch in der amerikanischen Psyche tiefe Spuren hinterlassen. Ohne die puritanische Erbschaft wäre die Prohibition – das Alkoholverbot, das die Bundesregierung von 1919 bis 1933 vergeblich durchzusetzen suchte – ebensowenig denkbar gewesen wie das Interesse der Medien am Intimleben der Politiker, das schon so manche vielversprechende Karriere ruiniert hat.

Vielleicht das wichtigste Vermächtnis der Puritaner ist das amerikanische Wirtschaftssystem. In seiner berühmten Abhandlung «Die protestantische Ethik und der Geist des Kapitalismus» (1905) hat Max Weber, gestützt vor allem auf Beobachtungen in den USA, den Protestantismus für die Entwicklung der modernen Wirtschaft geradezu als ursächlich hingestellt. Das Leistungsethos, das Weber als «innerweltliche Askese» umschrieb, ist auch heute noch unübersehbar. Fassungslos steht der durch die Segnungen des Wohlfahrtsstaats verwöhnte Besucher aus Deutschland vor der Härte der amerikanischen Arbeitsbedingungen. Der Amerikaner nimmt sie als ebenso gottgegeben hin wie die Tatsache, daß der Segen des Himmels die Irdischen auf höchst unterschiedliche Weise belohnt. Auch der alte Rockefeller war von der Überzeugung durchdrungen, «daß die Fähigkeit, Geld zu machen, eine Gabe Gottes ist». Sogar die hartgesottenen Währungshüter halten es für angezeigt, sich der Deckung durch eine höhere Autorität zu versichern: Jede Dollarnote trägt das Bekenntnis «In God We Trust». Kein Wunder, daß Spötter die Vermutung geäußert haben, die wahre Staatsreligion Amerikas sei der «Moneytheismus».

Der Bürgerkrieg zwischen dem industrialisierten Norden und den agrarisch ausgerichteten Südstaaten (1861–1865) hatte sich an der Sklavenfrage entzündet. Als 1860 der Sklaverei-Gegner Abraham Lincoln zum Präsidenten gewählt wurde, traten zunächst South Carolina und anschließend zehn weitere Südstaaten aus der Union aus.

Nicht allein dem Lebensgenuß standen die Puritaner feindselig gegenüber, sondern auch jeder Form der Kirchenobrigkeit. Jede Gemeinde *(congregation)* war «unmittelbar zu Gott» – darum wird diese protestantische Richtung auch «Kongregationalismus» genannt. Der Geist der Unabhängigkeit, der hier zum Ausdruck kam, hat sicherlich damit zu tun, daß die amerikanische Freiheitsbewegung in Massachusetts begann. Den Anfang machte der «Stamp Act», ein 1765 erlassenes Gesetz, das Zeitungen, Bücher und andere Druckwerke mit einer Verbrauchssteuer belegte. Mit Hilfe dieser Steuer, der ersten ihrer Art, hoffte Großbritannien seine durch den Siebenjährigen Krieg (1756–1763) erschöpften Finanzen in Ordnung zu bringen. Da die Kolonien im Londoner Parlament nicht vertreten waren, wurden sie auch nicht gefragt. Doch das Mutterland hatte den Eigensinn der Kolonisten unterschätzt. Mit dem Slogan «No taxation without representation» (Keine Besteuerung ohne parlamentarische Vertretung) wehrten sie sich gegen die kostspielige Zumutung. Das Gesetz mußte widerrufen werden, ebenso eine Reihe von Zöllen, mit denen der Finanzminister den gleichen Zweck zu erreichen hoffte.

Links: Der Bürgerkrieg oder Sezessionskrieg war die größte militärische Auseinandersetzung, die je auf nordamerikanischem Boden stattfand. Im Bild die Vorbereitungen zum Bau eines Feldlazaretts am Ufer des Potomac River.

Rechts: Die zerstörte St.-Michaels-Kathedrale in Charleston, South Carolina.

Nur am Teezoll hielten die Briten als Symbol ihres Hoheitsanspruchs fest. Am 5. März 1770 floß zum erstenmal Blut: Als Demonstranten vor dem Sitz der Kolonialregierung lautstark protestierten, schossen die britischen Rotröcke in die Menge. Fünf Menschen kamen bei diesem Zusammenstoß ums Leben. Dem «Boston Massacre» folgte drei Jahre später die «Boston Tea Party». Sie war die Provokation, die den bewaffneten Konflikt unausweichlich machte: Am 16. Dezember 1773 überfielen Bostoner Bürger, als Indianer verkleidet, drei Schiffe der East India Company und warfen vor den Augen eines begeistert applaudierenden Publikums 342 Kisten Tee ins Meer. London reagierte prompt. Der Hafen wurde geschlossen, das gewählte Oberhaus von Massachusetts durch ein von der Krone ernanntes ersetzt. Versammlungen, die vom Gouverneur nicht ausdrücklich genehmigt waren, wurden verboten.

Die Strafmaßregeln verfehlten ihre Wirkung. Statt das unbotmäßige Massachusetts in die Knie zu zwingen, trugen sie den Bazillus des Aufruhrs in die übrigen Kolonien. Im September 1774 und im Mai 1775 traten ihre Vertreter in Philadelphia zusammen, um sich über eine gemeinsame Haltung gegenüber der Krone zu verständigen. Nachdem es am 19. April 1775 bei Lexington und Concord, zwei Vororten von Boston, zu ersten Scharmützeln zwischen britischen Soldaten und der einheimischen Bauernmiliz gekommen war, beschlossen die Abgesandten, eine Armee aufzustellen, und wählten George Washington zum Oberbefehlshaber. Am 2. Juli 1776 stellte die Versammlung ohne Gegenstimmen fest: «Die Vereinigten Kolonien sind – und

Vom Beginn des Bürgerkriegs an war der Norden dem Süden an Truppenstärke, Material und Finanzkraft weit überlegen; dennoch vergingen vier Jahre bis zur Kapitulation der Konföderierten. Die erschreckende Bilanz: über 600 000 Tote und der fast vollständige wirtschaftliche Zusammenbruch des Südens.

Links oben: Kanonen- und Wagenlager der Unionstruppen.

Links unten: Fort Sedgwick bei Fredericksburg, Virginia. Die Umgebung der auf halbem Weg zwischen Washington, D. C., und Richmond gelegenen Stadt gehörte zu den am heftigsten umkämpften Gebieten.

Rechts: Charleston nach dem Ende des Bürgerkriegs.

sollten es auch rechtens sein – freie und unabhängige Staaten.» Zwei Tage später folgte die Begründung dieses Schrittes in der «Declaration of Independence». Damit war der Bruch mit dem Mutterland vollzogen. Elf Jahre später, nach erfolgreich beendetem Krieg, wurde im gleichen Saal die amerikanische Verfassung beraten und verabschiedet. Auch die Regierung des neuen Staates amtierte von 1790 bis 1800 in Philadelphia: Erst danach ließ sie sich in Washington nieder.

Die Ivy League – Studium mit Gütesiegel

Bostons beherrschende Rolle in der nationalen Politik war mit dem Beginn des Unabhängigkeitskriegs ausgespielt. Dem sprichwörtlichen Hochmut seiner Bewohner tat dies keinen Abbruch. Ihr Lokalstolz gründete sich auf etwas anderes – seine alten Handelshäuser, sein gediegenes Bürgertum und seine Universitäten. Ein Spaziergang durch den Campus von Harvard, der zum Vorort Cambridge gehört, vermittelt auch dem akademisch nicht vorgebildeten Fremden eine Ahnung davon, daß dieser Stolz nicht von ungefähr kommt. Harvard, 1636 gegründet, ist die älteste Hochschule des Landes. Ihren Namen verdankt sie einem Pfarrer namens John Harvard, der ihr seine Bücher und die Hälfte seines Vermögens hinterließ. Zunächst bildete das College protestantische Geistliche aus. Auch hier führten Richtungskämpfe zur Entstehung eines Konkurrenzunternehmens. Konservative Kräfte, die sich der Verweltlichung des Lehrbetriebs widersetzten, gründeten 1701 in New Haven (Connecticut) das Yale College. Sieben Jahre später wurde in Harvard der erste Nichttheologe zum Präsidenten gewählt.

Harvard, Yale und sechs weitere Universitäten an der Ostküste werden unter dem Namen Ivy League (Efeuliga) zusammengefaßt. Der Name stammt von den sportlichen Wettkämpfen, die die acht Hochschulen untereinander austrugen. Heute ist er in erster Linie ein Gütesiegel für das hohe akademische Niveau der traditionsreichen Anstalten. So schmerzlich es für das abendländische Selbstbewußtsein ist: Mit der Ivy League kann keine deutsche Universität mithalten. Woran liegt das? Um es auf eine ganz knappe Formel zu bringen – weil die amerikanischen Spitzenhochschulen vor dem Wettbewerb keine Angst haben. Im Gegensatz zu den deutschen besolden sie ihre Professoren nicht nach feststehenden Beamtentarifen, sondern nach Reputation und Leistung. Wichtiger noch: Sie suchen sich ihre Studenten selbst aus. In Harvard und Yale hat weniger als ein Fünftel der Bewerber Chancen, aufgenommen zu werden.

Die Ivy-League-Universitäten sind private Anstalten. Ihre wichtigsten Einkünfte sind die Erträge aus dem *endowment*, dem Stiftungsvermögen. Ein zweiter wichtiger Posten sind die

Oben: Spaziergänger am Boston Common. Dieser Park im Herzen der Stadt wurde schon von den ersten Siedlern als Gemeinschaftseigentum betrachtet und als Viehweide, später auch als Exerzierplatz genutzt, als in der zweiten Hälfte des 18. Jahrhunderts Boston neben Philadelphia Zentrum der Unabhängigkeitsbewegung war. Im 19. Jahrhundert entwickelte sich die florierende Hafen-, Handels- und Industriestadt mit der Harvard University und dem Massachusetts Institute of Technology schließlich auch zu einem Mekka der Forschung und Bildung.

Studiengebühren, denn das Studieren in Amerika kostet viel Geld – bei den besten Adressen leicht 25 000 Dollar im Jahr (Kost und Logis inbegriffen). Bedeutet dies, daß auf dem Campus von Harvard nur Kinder von Großkapitalisten anzutreffen sind? Keineswegs. Bei den Aufnahmeprüfungen spielen die Vermögensverhältnisse der Eltern keine Rolle. Sie rücken erst bei der Festsetzung der Gebühren ins Blickfeld. Wer glaubhaft macht, daß die Eltern finanziell schlecht gestellt sind, kann mit einem Teil- oder Vollstipendium rechnen. In Harvard zahlt nur ein Drittel der Studenten die vollen Gebühren.

Für ihr gutes Geld erwarten sie allerdings auch etwas. Wer den Campus von Harvard oder Yale besucht, spürt sofort, daß er keine unpersönliche Lernfabrik vor sich hat, sondern eine Lebensgemeinschaft. Das Verhältnis zwischen Professoren und Studenten liegt bei eins zu zehn. Jedem Studenten wird ein Tutor zugeteilt, der den Studienplan seines Schützlings prüft und dessen Fortschritte überwacht. Anwesenheitspflicht, Fragestunden und häufige Zwischenprüfungen sollen verhindern, daß der Student den Anschluß verliert – «ewige Studenten» sucht man in den USA vergebens. Das Ergebnis kann sich sehen lassen: So hat beispielsweise Harvard schon sechs Präsidenten und über dreißig Nobelpreisträger hervorgebracht.

Während es Boston also gelang, seinen Rang unter den amerikanischen Städten zu bewahren, hatte Philadelphia damit Mühe. Im 19. Jahrhundert wetteiferte es mit Baltimore und New York um den Vorrang im Europa-Handel – ein Kampf, den New York schließlich für sich entschied. Seit den dreißiger Jahren geht es mit Philadelphia – wie mit vielen anderen amerikanischen Großstädten – bergab. Ganze Viertel verkamen: Wer es sich leisten konnte, floh in die Vororte; schwarze Familien drängten nach und leiteten eine neue Runde dieses Teufelskreises ein. Heute ist Philadelphia mit 1,6 Millionen Einwohnern wieder da angelangt, wo es schon einmal 1920 war. Ob es die Stadt schafft, sich zu fangen, wird die Zukunft zeigen.

New York – das Tor zur Neuen Welt

New York verdankte seinen wirtschaftlichen Aufstieg vor allem seinem von der Natur geschützten, auch im Winter eisfreien Hafen. Um die Konkurrenz abzuschütteln, setzten die New Yorker alles daran, die Verkehrsverbindungen ins Landesinnere zu verbessern. Fast zwei Jahrzehnte lang arbeiteten sie fieberhaft am Eriekanal, der die fast 600 Kilometer lange Strecke zwischen Hudson und Eriesee überwinden sollte. Als der Kanal nach extrem schwierigen Bauarbeiten im Oktober 1825 eröffnet wurde, war New Yorks Vorsprung nicht mehr aufzuhalten. Über den Hafen kamen nicht nur Waren nach Amerika, sondern auch Menschen. Viele Einwanderer zogen nicht in den Westen weiter, sondern blieben dort, wo sie ihre neue Heimat betreten hatten. Bei der Volkszählung im Jahr 1830 hatte New York 203 000 Einwohner; seitdem belegt es unter den amerikanischen Städten unangefochten den Spitzenplatz.

Nirgendwo läßt sich das amerikanische Völkergemisch besser studieren als in New York. Hier leben mehr Juden als in Tel Aviv, mehr Schwarze als in der nigerianischen Hauptstadt Lagos und fast ebenso viele Hispanics wie in Havanna. Die Verse auf dem Sockel der Freiheitsstatue – «Gib mir deine Müden, deine Armen, deine kauernden Massen, die sich nach Freiheit sehnen …» – sind heute nicht minder aktuell als vor hundert Jahren, als *Miss Liberty* ihren Platz im Hafen von New York bezog. Heute wie damals wandern mehr Menschen in die Vereinigten Staaten ein als in alle anderen Länder der Welt zusammengenommen. Damals waren es vor allem Italiener und Juden aus Osteuropa. Heute sind es in erster Linie Asiaten und Lateinamerikaner, die ihr Glück im Land der unbegrenzten Möglichkeiten suchen. Seit dem Verschwinden des Eisernen Vorhangs ist auch die Zahl der Osteuropäer wieder im Steigen.

Anders als Deutschland haben sich die Vereinigten Staaten immer als Einwanderungsland verstanden. Über die wünschenswerte Zahl und Herkunft der Zuwanderer wird allerdings auch in Amerika gestritten. Die Deutschen, die – wenn man Engländer, Schotten und Iren getrennt zählt – die stärkste Gruppe der Immigranten stellten, vergessen gern, daß auch sie nicht immer willkommen waren. Schon Benjamin Franklin (1706 – 1790) schimpfte über die *Palatine boors*, die «Flegel aus der Pfalz»: «Warum sollte sich Pennsylvania, das von Engländern gegründet wurde, in eine Kolonie von Fremden verwandeln, die in Kürze so zahlreich sein werden, daß sie uns zu Deutschen machen – statt wir sie zu Engländern?» Nach dem gewaltigen Einwanderungsschub in den vierziger und fünfziger Jahren des 19. Jahrhunderts formierte sich die fremdenfeindliche Bewegung der «Know-Nothings» – so genannt, da sie auf Fragen über ihre radikalen Ziele nur ausweichende und vage Antworten gaben. Die Scharen von Italienern und russischen Juden, die um die Jahrhundertwende ins Land strömten, führten zu einem neuen Höhepunkt der Xenophobie.

Im Jahr 1921 warf der Kongreß die «goldene Pforte», von der auf dem Sockel der Freiheitsstatue ebenfalls die Rede ist, zwar nicht gerade ins Schloß, doch schob er ihr einen kräftigen Riegel vor. Jeder Nation wurde fortan nur noch eine bestimmte Jahresquote zugestanden – drei Prozent ihres Anteils an der amerikanischen Bevölkerung. 1924 wurde die Quote auf zwei Prozent gesenkt. Die Japaner wurden ganz ausgeschlossen. (Den Chinesen war schon seit 1882 die Einreise verwehrt.) Unbegrenzt weiter einwandern durften dagegen Bürger amerikanischer Staaten. Dieses Gesetz blieb bis 1965 in Kraft. Es wurde auch nicht geändert, als Hunderttausende von Juden versuchten, den Verfolgungen Hitler-Deutschlands zu entkommen. Im Jahr 1965 schaffte der Kongreß die Quotenregelung ab und legte globale Höchstzahlen fest. Legal kommen jetzt jährlich rund eine Million Menschen ins Land. Mindestens ebenso hoch dürfte allerdings die Zahl der illegalen Einwanderer sein. Wie viele es sind, weiß niemand genau. Da es weder Personalausweise noch eine polizeiliche Meldepflicht gibt, können

Unten rechts: Abschlußfeier in Harvard, Amerikas ältester und renommiertester Universität in Cambridge bei Boston. Die Absolventen der amerikanischen Elite-Universitäten bleiben ihren Hochschulen, häufig als finanzkräftige Mäzene, meist ein Leben lang verbunden (Foto von 1936).

Unten links: Studentin in Harvard. Weil dort nur Männer zum Studium zugelassen waren, wurde 1879 das Radcliffe College für Frauen gegründet, das inzwischen in die Harvard University integriert ist.

Amerikaner, die Geschichte und Politik der Nation prägten. – Links oben: Der Staatsmann und Schriftsteller Benjamin Franklin (1706 bis 1790). – Links unten: Thomas Jefferson (1743 – 1826), der dritte US-Präsident. – Mitte oben: George Washington (1732 – 1799), erster US-Präsident. Mitte unten: Der 16. US-Präsident Abraham Lincoln (1809 – 1865).

die Behörden nur raten. Fest steht nur eins: Amerika wird immer farbiger – nicht schwärzer, aber brauner und gelber.

Das gilt auch für New York. Bei der Volkszählung von 1980 rechneten sich noch 52 Prozent der New Yorker Bevölkerung den *Caucasians* – den Weißen europäischen Ursprungs – zu. 1990 waren es nur noch 43 Prozent. Im gleichen Zeitraum stieg der Anteil der Schwarzen auf 30 Prozent, der der Hispanics auf 24 Prozent; der Anteil der Asiaten verdoppelte sich von 1,5 auf 3 Prozent. Es wird erwartet, daß die Hispanics die Schwarzen nach der Jahrtausendwende überrunden werden. «Amerika», hieß es in einem Theaterstück, das 1909 am New Yorker Broadway uraufgeführt wurde, «ist Gottes großer Schmelztiegel, wo alle Völker Europas ineinander aufgehen.» Ob dies immer noch gilt, oder ob sich der *melting pot* in einen Regenbogen verwandelt, dessen Farben voneinander geschieden bleiben, darüber wird derzeit heftig gestritten.

Die Geschichte lehrt, daß es mit dem Wahlspruch auf den amerikanischen Münzen «E Pluribus Unum» (Aus vielen wird eines) schon seine Richtigkeit hat. Für die dritte Generation hatte die Herkunft der Großeltern im allgemeinen keine Bedeutung mehr. Damit ist nicht gesagt, daß die Assimilation überall reibungslos vor sich geht. Die Chinesen haben sich stets abgesondert und in den «Chinatowns» ihre Sprache und ihre Lebensgewohnheiten bewahrt. Ähnliches gilt für die orthodoxen Juden in Brooklyn und die Kubaner in Florida. Anders steht es mit den schwarzen Ghettos in den Großstädten. Sie kamen nicht freiwillig zustande, sondern waren eine Folge von rassischer Diskriminierung und wirtschaftlichen Zwängen.

Die neuzugewanderten Asiaten legen auf die Erhaltung ihrer nationalen Traditionen nicht den geringsten Wert, sondern wollen sich so rasch wie möglich in die amerikanische Gesellschaft integrieren. Unter den Absolventen der Oberschulen stellen sie

bereits die höchste Quote. Auch an den Universitäten sind Studenten aus asiatischen Ländern mit einem Mehrfachen ihres Anteils an der Bevölkerung vertreten. Die Asiaten folgen dem Beispiel der Juden, die sich gleichfalls durch Intelligenz, Fleiß und Zähigkeit gegen beträchtliche Widerstände ihren Platz in der amerikanischen Gesellschaft erkämpften. Die erdrükkende Überzahl der Juden will mit den orthodoxen Ghettos in Brooklyn nichts zu tun haben. Mehr als die Hälfte heiratet christliche Partner und ist auf dem besten Weg, im amerikanischen *mainstream* aufzugehen.

Das Land der unbegrenzten Möglichkeiten

Unter allen amerikanischen Bevölkerungsgruppen sind die Juden die wohlhabendste. Das heißt nicht, daß nur sie es zu Geld brachten. Der erste *self-made man* Amerikas war der Metzgerssohn Johann Jacob Astor aus Walldorf bei Heidelberg. Durch Pelzhandel und Bodenspekulationen wurde er zum reichsten Mann Amerikas. Auch Cornelius Vanderbilt fing ganz klein an. Als Sechzehnjähriger befehligte er einen Gemüsekahn im Hafen von New York – eine Beschäftigung, aus der er, als er längst zum Eisenbahnkönig Amerikas aufgestiegen war, den selbstverliehenen Titel «Kommodore» ableitete. Mag der Aufstieg vom Tellerwäscher zum Millionär auch nicht ganz so häufig vorkommen, wie es uns Hollywood vorgaukelt – Kletterpartien von den unteren bis zu den oberen Sprossen der sozialen Leiter waren in Amerika stets leichter als anderswo.

Natürlich waren die Methoden des Gelderwerbs nicht immer sehr fein. Daniel Drew, einer von Vanderbilts Konkurrenten, der mit Jay Gould und James («Jubilee Jim») Fiske die Erie Railroad kontrollierte, hatte sein erstes Geld als Viehhändler verdient. Dabei hatte er gelernt, worauf es beim Verkaufen ankommt:

Die Namen dieser Männer sind untrennbar mit dem wirtschaftlichen Aufstieg der USA verbunden. – Linke Seite, rechts: Der Großverleger William Randolph Hearst (1863–1951). Links oben: Der «Automobilkönig» Henry Ford (1863 bis 1947; rechts im Bild, Foto von 1899). Links unten: Andrew Carnegie (1835 bis 1919). – Rechts: John D. Rockefeller (1839–1937).

Fortsetzung Seite 43

NEUENGLAND

… denn mir schien nun, das leidenschaftliche Rätsel Neu-England wäre nirgends spürbarer als hier: Neu-England mit seinem harten, steinigen Boden, seiner tragischen und einsamen Schönheit … Neu-England mit seinen weißen, tiefverschneiten, eiskalten Wintern, mit dem Juwelenglanz großer Sterne in Frostnächten über dunklen Föhrenwäldern und über jenen kleinen, warmen, weißen Häusern, die man dann nicht ansehen konnte, ohne an übervolle Vorratskammern zu denken, an aufgehängte Speckseiten, Apfelwein und würzig Eingeschmälztes …

Thomas Wolfe, um 1930

◁ MAINE

Linke Seite: Im Herbst schmücken unzählige «pumpkin people», Kürbispuppen, die Verkaufsstände, Restaurants und Häuser in Maine.

Rechte Seite: Das Marshall Point Lighthouse bei Port Clyde, einer der zahlreichen malerisch gelegenen Leuchttürme des «Lighthouse State».

PORTLAND HEAD LIGHT *Das älteste Leuchtfeuer in Maine: Bereits Ende des 18. Jahrhunderts wurde der hübsche Leuchtturm an der Zufahrt nach Portland errichtet.*

stuart
stuart

BOSTON *Blick über den Charles River auf die Skyline von Boston mit dem 241 Meter hohen John Hancock Tower. Neben moderner Architektur und bedeutenden Museen hat die geschichtsträchtige Hauptstadt von Massachusetts auch zahlreiche historische Sehenswürdigkeiten zu bieten.*

BOOTHBAY HARBOR

In Boothbay Harbor wirbt fast jedes Restaurant mit frischem Hummer. Was im 19. Jahrhundert als Arme-Leute-Essen galt, ist heute das begehrteste Exportgut des Landes. Und die internationalen Gourmets verkünden in seltener Einigkeit: Der beste Hummer kommt aus Maine.

PROVINCETOWN *Ob Schriftsteller wie John Dos Passos und Tennessee Williams oder Maler wie Edward Hopper – zur Sommerfrische zog es viele Künstler immer wieder in das charmante kleine Städtchen Provincetown auf der Halbinsel Cape Cod in Massachusetts.*

BAUERNMARKT *Neben Kürbissen und Pflanzen werden auf dem Bauernmarkt bei Boston auch Kunststoffskelette und Gespenster aller Art für Halloween verkauft. Diese Spuknacht des 31. Oktober geht auf keltische Bräuche zurück, wird heute aber als eine Art «Geisterkarneval» begangen.*

LAKE WINNIPESAUKEE *Winnipesaukee – »Lächeln Gottes« – nannten die Indianer diesen idyllischen See im Osten von New Hampshire. Mit einer Fläche von fast 200 Quadratkilometern ist er das größte Gewässer des Bundesstaats.*

CAPE COD *Die wie ein gekrümmter Finger in den Atlantik ragende Halbinsel Cape Cod südlich von Boston hält die rauhen Winde und kalten Strömungen des offenen Meeres ab. So bietet die Bucht bei Provincetown ideale Verhältnisse zum Sonnenbaden, Schwimmen und Strandwandern.*

LOBSTER *In keinem anderen US-Bundesstaat wird mehr Hummer gefangen als in Maine. Überall entlang der Küstenstraße – wie hier in West Sullivan – trifft man auf kleine Hummerbuden mit dampfenden Lobster Pots.*

PILGRIM FATHERS *Lebendige Geschichte: auf der «Mayflower II», einem detailgetreuen Nachbau des berühmten Schiffes, mit dem die Pilgerväter im Jahr 1620 nach Neuengland kamen.*

EXIT
WELCOME
COME AGAIN SOON
FAST COURTEOUS SERVICE
OPEN 24 HOURS A DAY 7 DAYS A WEEK
HOME MADE CHILI
DELICIOUS HOME MADE MEATLOAF
NICE DAY
ENJOYED YOUR MEAL

SOUTH DEERFIELD *In den USA wird man fast überall prompt und freundlich bedient. Mittags ist es üblich, nur einen Imbiß zu sich zu nehmen, etwa in einem der zahlreichen Coffee Shops wie hier in South Deerfield, Massachusetts.*

MYSTIC *Hauptstraße in Mystic, einem geruhsamen Städtchen in Connecticut. Hier wohnen zahlreiche Pendler, die in New York oder Boston arbeiten. Wer es sich leisten kann, flüchtet allabendlich aus der Hektik der Metropolen in die ländliche Idylle.*

Bass Harbor Head Light auf Mount Desert Island. Mehr als siebzig Leuchttürme überragen Maines zerklüftete Küste, die schon im 17. Jahrhundert von Seefahrern wegen ihrer Schönheit gerühmt, aber auch wegen ihrer großen Gefahren gefürchtet wurde.

LEUCHTTÜRME ▷

Man gibt den Kälbern Salz zu fressen; wahnsinnig vor Durst, trinken sie soviel Wasser, daß sie danach fast das Doppelte wiegen. Joseph Pulitzer und William Randolph Hearst, den beiden Pressezaren von New York, war jedes Mittel recht, um den Nebenbuhler auszustechen. Nachdem der Krieg mit Spanien, zu dem Hearsts ‹Journal› monatelang aufgehetzt hatte, endlich ausgebrochen war, erschien die Zeitung mit der triumphierenden Schlagzeile: «How Do You Like The Journal's War?» Auch der Stahlmagnat Henry Clay Frick, dem New York sein elegantestes Museum verdankt, war, wenn es ums Geschäft ging, nicht zimperlich. Als die Stahlarbeiter in Homestead (Pennsylvania) streikten, ließ er den Streik durch dreihundert Detektive der Pinkerton-Agentur gewaltsam niederschlagen. Die Schlacht endete mit 14 Toten und 63 Schwerverletzten.

In New York selbst wurde weder Kohle gefördert noch Stahl gewalzt. Der wichtigste Industriezweig ist bis heute die Textilverarbeitung geblieben. Jedes fünfte Kleidungsstück, das US-Amerikaner auf dem Leib tragen, wird in New York angefertigt. Bedeutsamer als die Industrie waren freilich von jeher Handel und Dienstleistungen. Von den fünfhundert größten Dienstleistungsunternehmen des Landes residieren sechzig in New York. Auch die meisten amerikanischen Buchverlage sind in New York ansässig. Die Madison Avenue ist geradezu zum Inbegriff der Werbung geworden: 1400 Agenturen sorgen dafür, daß auch das überflüssigste Produkt seine Käufer findet.

Vor allem ist New York das größte Finanzzentrum der Welt. Wenn an der Wall Street der Schnupfen ausbricht, niest der Rest der Welt mit. Auch die Wall Street fing ganz klein an, nämlich mit einer Platane. Unter ihr wurden gegen Ende des 18. Jahrhunderts die ersten Börsengeschäfte abgewickelt. Nur bei schlechtem Wetter zogen sich die Herren in eine Taverne zurück. 1792 einigten sie sich auf ein Reglement des Wertpapierhandels. Dieser wiederum war ein Kind des Unabhängigkeitskriegs. Der Kongreß, der damals in der Federal Hall an der Wall Street residierte, beschloß, die Kriegsschulden bis auf den letzten Cent zurückzuzahlen, sogar mit Zinsen. Um das erforderliche Kapital zu beschaffen, wurde eine Staatsanleihe von achtzig Millionen Dollar aufgelegt. Das war eine Einladung zur Spekulation, der viele nicht widerstehen konnten. Die Spekulanten haben sich seit damals kräftig vermehrt: Von fünf US-Amerikanern ist heute einer Aktionär.

Nicht immer gingen die Spekulationen gut. Der Kurssturz am 29. Oktober 1929, dem «Schwarzen Freitag», läutete die Depression der dreißiger Jahre ein. Alarmiert durch die Kettenreaktion traf der Kongreß Maßnahmen, die eine Wiederholung verhindern sollten. Der «Glass-Steagall Act» von 1933 trennte Geschäfts- und Investitionsbanken und verbot den Bankiers, in den Aufsichtsräten der von ihnen finanzierten Unternehmen zu sitzen. Um Paniken zu verhindern, garantierte das Gesetz zugleich die Einlagen der Sparer – derzeit bis zum Höchstbetrag von 100 000 Dollar. Eine weitere Eigenheit des amerikanischen Bankensystems war bis vor kurzem das Verbot, in anderen Bundesstaaten Filialen zu unterhalten. Erst 1994 wurde es aufgehoben. So kommt es, daß es in Amerika zwar ungewöhnlich viele Banken gibt (über 12 000), aber nur wenige, die den japanischen und deutschen Riesen das Wasser reichen.

Wie man sieht, haben die Aufstiegschancen, die Amerika dem Wagemutigen bietet, auch ihre Kehrseite; bei ungünstiger Geschäftsentwicklung kann sich die *upward mobility* rasch in eine *downward mobility* verwandeln. Dies mußten nicht nur die Wall-Street-Spekulanten Ivan Boesky und Michael Milken erfahren. Nach dem Börsenkrach vom 19. Oktober 1987 verloren Hunderte von *yuppies* ihre gutdotierten Posten. Auf Mitgefühl bei ihren glücklicheren Kollegen konnten sie kaum rechnen. Im Gegenteil: Die Ausgestoßenen sahen sich als *puppies (previously urban professionals)* verhöhnt. Nach Massenentlassungen im Bankhaus Salomon Brothers bestellten Witzbolde *smoked salomon* zum Lunch.

In den White Mountains. Lange Zeit war diese Bergregion im Norden von New Hampshire eine undurchdringliche Wildnis. Inzwischen ist das Gebiet durch ein ausgedehntes Netz von Wanderwegen erschlossen, die durch breite Täler, enge Schluchten und zu romantischen Wasserfällen führen.

Ein Besuch der Aktienbörse fasziniert auch Laien, die ein Wertpapier nicht von einem Meisterbrief unterscheiden können. Nicht minder interessant ist die Architektur an der Südspitze

Links: »Es ist ein Glühen, als ob die Blätter das Licht der Herbstsonne gierig festgehalten hätten und es langsam wieder freigäben«, so beschrieb John Steinbeck den berühmten neuenglischen »Indian Summer«. Herbstliche Laubfärbung in Alton, einem Dorf am Südende des Lake Winnipesaukee, New Hampshire.

Rechts oben: Der Baxter State Park im Zentrum von Maine, das größte Schutzgebiet des Staates, ist ein Geheimtip für Naturfreunde: Da weite Teile des Parks für Autos gesperrt sind, muß man sich seine Schönheiten erwandern.

Rechts unten: Alte Mühle bei Rockingham, Vermont. »Zurück zur Natur« – diese um 1850 von neuenglischen Literaten und Philosophen wie Ralph Waldo Emerson und Henry David Thoreau ausgegebene Parole lockte schon im 19. Jahrhundert viele Großstädter in das dünnbesiedelte, idyllische Vermont.

Oben: Zwei Jahre lang lebte der Schriftsteller Henry David Thoreau (1817 bis 1862) am Walden Pond bei Concord, Massachusetts.

Unten: Der alte Briefkasten von Robert Frost (1874–1963), Erinnerung an die Sommeraufenthalte des naturverbundenen Lyrikers in den Bergen New Hampshires.

von Manhattan. Beim Bau ihrer Banken und Börsen haben sich die New Yorker bei allen Stilrichtungen Europas bedient: Griechische Tempel stehen Seite an Seite mit florentinischen Renaissance-Palästen. Natürlich fehlt auch Amerikas Originalbeitrag zur Weltarchitektur, der Wolkenkratzer, nicht: New Yorks weltberühmte Skyline nahm in Lower Manhattan ihren Anfang.

Zwei Erfindungen machten den Wolkenkratzer möglich – der Aufzug und der Stahlbau. Sie erlaubten es den Architekten, über die bis dahin übliche Maximalhöhe von sechs Stockwerken hinauszugehen. Das erste Gebäude, das nicht von seinen Außenmauern gestützt wurde, sondern von einem Skelett aus Schmiede- und Gußeisen, war das 1885 fertiggestellte neun-, später elfstöckige Home Insurance Building in Chicago. Das bekannteste New Yorker Beispiel aus der Frühzeit des Hochbaus ist das Flatiron Building aus dem Jahr 1902 – so genannt wegen seiner Ähnlichkeit mit einem alten Bügeleisen.

Der erste richtige Wolkenkratzer war das Woolworth Building. Mit seinen 240 Metern war es von 1913 bis 1930 das höchste Bürogebäude der Welt. Die Baukosten, dreizehneinhalb Millionen Dollar, zahlte Mr. Woolworth, der Erfinder des Kaufhauses für Kleinverdiener, wie er es von seinen Kunden erwartete – bar. Von Washington aus wirkte Präsident Wilson persönlich an der Eröffnung mit: Durch Knopfdruck ließ er die achtzigtausend Glühbirnen der «Kathedrale des Einzelhandels», wie sie ein überwältigter Festredner taufte, auf einen Schlag aufleuchten.

Daß die neue Architektur nicht nur Licht-, sondern auch Schattenseiten hatte, bemerkten die New Yorker bald. Als zwei Jahre nach dem Woolworth Building das massige, vierzigstöckige Equitable Building fertig wurde, saßen die Nachbarn buchstäblich im Dunkeln. Um zu verhindern, daß sich New York in ein Netz von lichtlosen Straßenschluchten verwandelte, erließ die Stadtverwaltung die bahnbrechende «Zoning Resolution» von 1916. Sie war die erste Bauordnung Amerikas. Die Baufluchten mußten seitdem ab einer gewissen, in jedem Einzelfall zu berechnenden Höhe zurückspringen. Die Folge waren die «Hochzeitstorten» – sich nach oben verjüngende Wolkenkratzer, die das Stadtbild bis heute prägen.

1930 wurde das Woolworth Building vom Chrysler Building entthront, das seinen Spitzenplatz freilich schon ein Jahr später an das Empire State Building abtreten mußte. Mit seinen 380 Metern – 80 mehr als der Eiffelturm – hielt das Empire State Building mehr als vier Jahrzehnte lang den Weltrekord. Seit 1972 sind die beiden Klötze des World Trade Center mit 411 Metern die höchsten Bauwerke New Yorks, aber nicht mehr Amerikas: Chicago hat New York wieder einmal überrundet. Und auch den Sears Tower von Chicago werden demnächst zwei Türme einholen, die derzeit im fernen Kuala Lumpur gebaut werden.

Die Unterschiede im Einkommen waren in Amerika stets besonders groß. Der Gegensatz zwischen dem üppigen Reichtum auf der New Yorker Park Avenue und dem trostlosen Verfall Harlems springt jedem Touristen ins Auge. Um so erstaunlicher, daß weder Sozialismus noch Kommunismus in den USA Fuß fassen konnten. Schon der Volkswirtschaftler Werner Sombart (1863 – 1941) war von diesem Phänomen überrascht. In seinem Buch «Warum gibt es in den Vereinigten Staaten keinen Sozialismus?» (1906) schreibt er es vor allem dem fehlenden proletarischen Klassenbewußtsein zu. Tatsächlich fühlt sich auch der Hilfsarbeiter nicht einer niedrigeren Klasse zugehörig; auch ihm, glaubt er, biete das Leben die gleichen Chancen, nach oben zu kommen, wie jedem anderen. Und damit liegt er, wie wir gesehen haben, nicht einmal ganz falsch.

Ein weiterer Grund dafür, daß der Sozialismus in Amerika nur auf ein schwaches Echo stieß, liegt in dem tiefen Mißtrauen gegenüber jeder Form staatlicher Bevormundung. Ein Bundesgesetz, das die Ladenschlußzeiten regelt, ist in Amerika undenkbar. Bis heute gibt es in Washington kein Wirtschaftsministerium – das röche allzusehr nach Fünfjahresplan, Kolchose und Volkseigenem Betrieb. Sogar die Erhebung von Einkommenssteuern galt bis ins 20. Jahrhundert hinein als widerrechtlicher Eingriff in das Privateigentum; es bedurfte eines Verfassungszusatzes, der der Regierung 1913 den Griff in die Taschen der Bürger gestattete. «Das amerikanische Volk», erklärte der Rheinländer Carl Schurz, der es zum amerikanischen Innenminister brachte, seinem Gesprächspartner Otto von Bismarck, «hätte kaum soviel Selbstvertrauen und Fortschritt entwickeln können, wenn an jeder Pfütze ein Geheimrat oder Schutzmann gestanden hätte, um die Leute davor zu bewahren, hineinzutreten.»

Oben: Das Ferienhaus des Dichters Robert Frost in Derry, New Hampshire.

Unten: Ein Nachbau der Hütte am Walden Pond, die Henry David Thoreau von 1845 bis 1847 bewohnt hatte.

Washington – das Hauptquartier der Macht

Wer Washington besucht, wird dieses Mißtrauen gegenüber der Obrigkeit nicht sogleich empfinden. In keiner anderen Hauptstadt der westlichen Hemisphäre wurde eine derartige Menge von Marmor verbaut. Das großzügig angelegte, von breiten

Berühmte Schriftsteller aus den Staaten der amerikanischen Ostküste.

Links: Harriet Beecher Stowe (1811–1869), die Autorin von «Onkel Toms Hütte».

Rechts: Henry Wadsworth Longfellow (1807–1882).

Oben: Thornton Wilder (1897–1975; 2. v. r.) bei der Aufführung eines seiner Stücke in Berlin.

Unten links: Edgar Allan Poe (1809–1849).

Unten rechts: Margaret Mitchell (1900–1949) mit ihrem Bestseller «Gone With the Wind» («Vom Winde verweht»).

Alleen und Parks beherrschte Stadtzentrum erinnert nicht von ungefähr an einen französischen Garten: Es wurde von Pierre-Charles L'Enfant entworfen, einem Architekten, der als Major bei den französischen Hilfstruppen des Marquis de Lafayette gedient und für die Unabhängigkeit Amerikas sein Blut vergossen hatte. Beim Kongreß erntete er mit seinen hochfliegenden Plänen wenig Dank. Da die Staatskasse leer war, hielten ihn die Abgeordneten für größenwahnsinnig. Zehn Jahre lang mußte er um sein Honorar kämpfen und wurde schließlich mit 1394 Dollar abgefunden. 1825 starb L'Enfant im Elend, überzeugt davon, mit seinem Entwurf gescheitert zu sein. Er konnte nicht ahnen, daß der Kongreß, als Amerika gegen Ende des Jahrhunderts zum Gefühl seiner Größe erwachte, die Pläne des kleinen Majors ausgraben und in Stein umsetzen würde.

Allerdings hat der imperiale Glanz auch seine Kehrseite. In der amerikanischen Verbrechensstatistik besetzt Washington den Spitzenplatz. In den letzten Jahren wurden hier, bezogen auf die Einwohnerzahl, doppelt so viele Menschen umgebracht wie in New York. Ein erheblicher Teil der Gewaltkriminalität geht auf das Konto von Drogenhändlern, die sich den gewinnbringenden Markt gegenseitig streitig machen. Als Bürgermeister Marion Barry 1989 zurücktreten mußte, nachdem ihn die Polizei beim Genuß von Kokain gefilmt hatte, wurde auch dem letzten Zweifler klar, daß es bedenklich um die amerikanische Hauptstadt stand. Barry wurde übrigens inzwischen, nachdem er eine kurze Gefängnisstrafe abgesessen hatte, wieder zum Bürgermeister gewählt.

Trotz des vielen Marmors ist Washington eine Provinzstadt geblieben – wie Bonn. Auch sonst haben die Amerikaner und die Deutschen manches miteinander gemein. Die Väter des Grundgesetzes studierten die amerikanische Verfassung genau. Der deutsche Föderalismus ist dem amerikanischen eng verwandt, ebenso das Bundesverfassungsgericht dem Supreme Court. Doch sind die Gegensätze zwischen den politischen Strukturen beider Länder größer als ihre Gemeinsamkeiten. Der amerikanische Präsident ist Staatsoberhaupt und Regierungschef in einer Person. Er wird – wenn auch auf dem Umweg über Wahlmänner – vom Volk direkt gewählt. Wer nun allerdings glaubt, der amerikanische Präsident sei mächtiger als der deutsche Bundeskanzler, hat sich getäuscht. Zwar kann er vom Kongreß, wenn wir den Ausnahmefall des *impeachment* einmal beiseite lassen, nicht gestürzt werden. Doch ist er auf die Zusammenarbeit mit dem Kongreß angewiesen, was schwer genug ist, wenn im Weißen Haus und auf dem Kapitol die gleiche Partei das Sagen hat – im umgekehrten Fall ist es nahezu unmöglich.

Die amerikanische Verfassung sieht vor, daß Exekutive und Legislative in getrennten Wahlgängen zur Macht kommen und sich danach zusammenraufen müssen. Nicht das Vertrauen, das die Regierung beim Parlament genießt, soll die Demokratie sichern, sondern die gegenseitige Kontrolle. Es ist das berühmte, von Montesquieu erdachte System der *checks and*

Fortsetzung Seite 59

Das Städtchen Concord kann auf eine bedeutsame Vergangenheit zurückblicken – in militärischer, vor allem aber in literarisch-philosophischer Hinsicht.

VOM GEIST NEUENGLANDS: LITERATEN IN CONCORD, MASSACHUSETTS

Concord liegt im Nordwesten von Boston, eingebettet in weite Wälder und Wiesen. Walden Pond, ein stattlicher See, ist nicht weit weg. Ehrwürdige historische Häuser wie «Orchard House», «The Wayside», «The Old Manse», «Wright Tavern», «Colonial Inn» oder «Emerson House» geben dem Städtchen sein besonderes Flair. Eine amerikanische Enzyklopädie zelebriert es mit Recht als einen der berühmtesten Orte der amerikanischen Geschichte. Gegründet 1635, rückte Concord erst 1775 ins nationale Bewußtsein, als es an der Old North Bridge zu

Ralph Waldo Emerson (1803 – 1882).

einem Scharmützel zwischen der britischen Ordnungsmacht und aufmüpfigen Neuengländern kam. Die Rebellen konnten einen Sieg erringen, der militärisch unbedeutend, aber um so wichtiger für das Selbstbewußtsein der Amerikaner war – ein Revolutionskrieg wurde immer wahrscheinlicher. Aus heutiger Sicht scheint allerdings sogar noch wichtiger, daß sich hier zwischen 1830 und 1860 eine Schar hochkarätiger Literaten einfand, die den Ort zu einem literarisch-philosophischen Zentrum machte. Von Concord aus wurden die Vereinigten Staaten verändert. Man hat denn auch vom «amerikanischen Weimar» gesprochen. Der Lyriker und Essayist Ralph Waldo Emerson, dessen Haus zu besichtigen ist, kam 1835 und blieb bis zu seinem

Henry David Thoreau (1817 – 1862).

Tod 1882. Der Erzähler Nathaniel Hawthorne bewohnte zwischen 1842 und 1845 «The Old Manse», 1852 erwarb er «The Wayside». Und Henry David Thoreau, Lyriker und Essayist, wurde in Concord geboren, wo er den größten Teil seines Lebens verbrachte. Zu ihnen gesellten sich Theologen, Philosophen und andere Gelehrte aus Boston und Harvard, die sich als «Transcendental Club» regelmäßig bei Emerson zu Gesprächen trafen.

Den Kreis um Emerson verband der sogenannte Transzendentalismus, eine Philosophie, inspiriert von unitarischer Theologie, deutschem philosophischem Idealismus, englischer Romantik und fernöstlichem Mystizismus. Emerson glaubte an das Göttliche im Menschen, an eine «Überseele», in der die ganze Schöpfung enthalten sei und die ganze Schöpfung demnach an ihr teilhabe. Das Bemühen des einzelnen müsse sein, diese und die darin gebotene Chance zum vergeistigten Leben zu entdecken. Vergangenheitsbewältigung, eine Lieblingsbeschäftigung der Neuengländer, die sich aus der puritanisch-calvinistischen Idee von ererbter Sünde und Schuld entwickelt hatte, tauge dafür nicht, wie Emerson in seinem wohl bekanntesten Essay, «Nature» (1836), deutlich machte. Es komme darauf an, daß Gott, die Natur und die Welt wieder aus erster Hand erfahren werden und nicht sekundär durch Theologen, Biographen und Historiker.

Rationalisten mögen mit solchen Denkweisen ihre Probleme haben, aber Emersons Konstrukt hatte durchaus seine praktischen Seiten. Den Transzendentalisten war bewußt, daß das essentielle Leben, in dem zivilisatorische Scheinbedürfnisse und deren Befriedigung keinen Platz hätten, eine neue Ökonomie und neue Formen der Organisation von Arbeit voraussetzten. Der «Transcendental Club» erprobte deshalb von 1841 bis 1847 das «alternative, einfache Leben» in der Kommune «Brook Farm», einer 70 Hektar großen Milchviehfarm bei West Roxbury (MASS), die von Hawthorne in «The Blithedale Romance» (1852) thematisiert worden ist. Thoreau versuchte es am Walden Pond, wo er zwischen 1845 und 1847 in einer selbstgebauten Hütte in den Wäldern lebte. Sein Essay-Zyklus «Walden, or Life in the Woods» (1854) wurde für viele zu einem Kultbuch. Das gehobene Bürgertum Neuenglands fühlte sich

Nathaniel Hawthorne (1804 – 1864).

ermutigt, sich aus dem Würgegriff verkrusteter, vom Puritanismus-Calvinismus geprägter Denk- und Verhaltensschablonen zu lösen. Thoreau empfahl sogar den zivilen Ungehorsam als Mittel zum Zweck. Emersons berühmte Harvard-Rede, «The American Scholar» (1837), las sich als kulturelle Unabhängigkeitserklärung der Vereinigten Staaten. Gegner der Sklaverei verspürten Rückenwind aus dem Nordosten von Massachusetts. So liegt die historische Bedeutung dieser Bewegung in ihrer emanzipatorischen Wirkung auf den Geist Neuenglands. Weil sich aber in dieser Region bis zum Ende des 19. Jahrhunderts, geistesgeschichtlich gesehen, Maßgebliches ereignete, blieb das auch für den Rest der Nation nicht ohne Folgen. *Friedrich W. Horlacher*

NEW YORK

Nach einiger Abwesenheit bin ich jetzt … wieder für ein paar Ferienwochen in New York und Brooklyn. Der Glanz, die malerische Erscheinung und die ozeanische Weite und Belebtheit dieser beiden großen Städte, die unvergleichliche Lage … kostspielige, stolze, neue Gebäude, Fassaden aus Marmor und Eisen von eigenartiger Größe und eleganter Zeichnung … all das, sage ich, und Ähnliches befriedigt vollkommen meinen Sinn für Macht, Fülle, Bewegung usw. und versetzt mich … in eine beständige Gehobenheit und in das Gefühl absoluter Erfüllung.

Walt Whitman, um 1880

◁ MANHATTAN

Linke Seite: Das exklusive Kaufhaus «Barney's New York» an der Madison Avenue gilt als erste Adresse für Designermode aus aller Welt.

Rechte Seite: Frühsport auf der Brooklyn Bridge, die im Jahr 1883 als erste Brücke der Stadt die Insel Manhattan mit Brooklyn verband.

TIMES SQUARE *Der berühmte Times Square, das unumstrittene Zentrum Manhattans: Hier, an der spitzwinkeligen Kreuzung des legendären Broadway mit der 42nd Street und der 7th Avenue spürt man den Herzschlag der Stadt.*

WASHINGTON SQUARE

Während unter der Woche vor allem Studenten aus den umliegenden Fakultäten den Washington Square bevölkern, verwandelt sich der Platz im Herzen des Greenwich Village am Wochenende in einen «Jahrmarkt der Eitelkeiten»: «Sehen und gesehen werden» lautet dann die Devise.

GARMENT DISTRICT *Konditionstraining inbegriffen: Im Verkehrsgetümmel der New Yorker Rush Hour bringen die Fahrradkuriere eilige Sendungen am schnellsten an ihr Ziel.*

MANHATTAN *Blick vom World Trade Center über das nächtliche Manhattan, in dem die Wolkenkratzer wie »extravagante Stecknadeln auf einem bereits vollbesetzten Kissen« in die Höhe ragen, wie Henry James 1870 schrieb.*

Glänzende Pracht inmitten der Wolkenkratzer: Der vergoldete Engel ziert das General-Sherman-Denkmal auf der Grand Army Plaza.

GRAND ARMY PLAZA ▷

balances, das die amerikanische Politik beherrscht. «Ehrgeiz soll durch Ehrgeiz in Schach gehalten werden», heißt es im «Federalist», der grundlegenden Sammlung politischer Essays (1788), mit der Alexander Hamilton, James Madison und John Jay für die neue Verfassung warben. «Man mag es als Urteil über den menschlichen Charakter ansehen, daß solche Vorkehrungen notwendig sind, um Mißbräuche der Regierung zu verhindern. Aber was ist denn ein Gesetz anderes als ein Urteil über den menschlichen Charakter im großen? Wenn die Menschen Engel wären, wäre jede Regierung überflüssig.»

Tatsächlich hat die amerikanische Verfassung länger gehalten als alle europäischen. Einen Napoleon, Mussolini oder Hitler hat es in der amerikanischen Geschichte nicht gegeben. Der Preis dafür war hoch. Zwar hat die auf die Spitze getriebene Gewaltenteilung undemokratische Machtkonzentrationen verhindert. Zugleich verhinderte sie aber auch eine stetige Politik und unzählige Gesetze, die das Land dringend benötigt hätte. Das Bild, das Washington im Regelfall bietet, ist das des *gridlock* – einer politischen Verkehrsstauung, in der sich Exekutive und Legislative gegenseitig blockieren. Da die Demokraten seit dem Ende des Zweiten Weltkriegs den Kongreß nahezu durchgehend beherrschten, hatten darunter vor allem republikanische Präsidenten zu leiden. Allerdings erging es dem demokratischen Präsidenten Clinton nicht besser.

Als der englische Schriftsteller George Bernard Shaw 1932 die Vereinigten Staaten besuchte, brachte er sein Urteil über das amerikanische Regierungssystem auf folgende Formel: «Wer die amerikanische Verfassung untersucht, findet, daß es sich in Wahrheit nicht um eine Verfassung handelt, sondern um eine Charta der Anarchie. Sie ist keine Regierungsordnung, sondern eine Garantie dafür, daß das amerikanische Volk niemals regiert werden kann. Und das ist genau, was die Amerikaner wollen.»

Kein Wunder, daß die Präsidenten versuchten, den Kongreß aus dem täglichen Regierungsgeschäft herauszuhalten. Da die Mitglieder der offiziellen Regierungsmannschaft vom Senat genehmigt werden müssen, was sich oft über Monate hinzieht, gehört ihr so mancher Kompromißkandidat an, der dem Kapitol nähersteht als dem Weißen Haus. Die Folge ist, daß sich die Präsidenten mit einem Kreis persönlich Vertrauter umgeben, die im amtlichen Stellenplan entweder überhaupt nicht vorkommen oder dort nur ein Schattendasein führen. Bei diesen «Küchenkabinetten» liegt die wahre Macht. Auch das politische Gewicht der Ehefrau des Präsidenten ist nicht zu unterschätzen.

Abgesehen von diesen «grauen Eminenzen», spielt das Kabinett auch nach der Verfassung eine weitaus bescheidenere Rolle als in den parlamentarischen Demokratien Europas. Nicht «Minister» gehören ihm an, sondern – wie im Bismarck-Reich – «Sekretäre». Während der deutsche Bundeskanzler sein Kabinett als *primus inter pares*, als Erster unter Gleichen, leitet, betrachtet der amerikanische Präsident seine Ressortchefs als Untergebene. Als Lincolns Kabinett einmal geschlossen gegen ihn stimmte, sagte er trocken: «Seven nays and one aye – the ayes have it.» (Sieben dagegen, einer dafür – also beschlossen.) Auch der Vizepräsident hat nur die Rechte, die der Präsident an ihn delegiert. Franklin Roosevelt hielt es nicht einmal für nötig, seinen Vize Harry Truman vom Bau der Atombombe in Kenntnis zu setzen.

Der Kongreß besteht aus zwei Kammern, dem Repräsentantenhaus und dem Senat. Während die Zahl der Abgeordneten, die jeder der fünfzig Bundesstaaten ins Repräsentantenhaus

Zu Füßen des World Trade Center, dessen gigantische Türme 411 Meter hoch in den New Yorker Himmel ragen. Das Bürozentrum ist Sitz von über 1200 Firmen und internationalen Gesellschaften.

schickt, der Größe seiner Bevölkerung entspricht, wird jeder Staat – ob New York mit 18 Millionen Einwohnern oder Rhode Island mit einer Million – durch zwei Senatoren vertreten. Die Senatoren amtieren sechs Jahre. Dagegen müssen sich die unglücklichen Mitglieder des Repräsentantenhauses alle zwei Jahre ihren Wählern stellen. Zwar wird der Abgeordnete meist im Amt bestätigt. Doch steht er praktisch ununterbrochen im Wahlkampf, was ihn zu einer ständigen Rücksichtnahme auf die lokalen Anliegen seines Wahlkreises nötigt.

Dies erklärt den engstirnigen Kantönligeist, der viele Debatten im Repräsentantenhaus beherrscht. Es kann ohne weiteres

Die Vergrößerung des Binnenmarkts durch die zunehmende Erschließung des Westens, technische Neuerungen, riesige Rohstoffvorkommen und die durch die Einwanderung nahezu unbegrenzt vorhandenen Arbeitskräfte führten an der Ostküste in der zweiten Hälfte des 19. Jahrhunderts zu einem enormen wirtschaftlichen Aufschwung. Mit dem Gilded Age, dem »Vergoldeten Zeitalter«, begann Amerikas beispielloser Aufstieg zur stärksten Wirtschaftsmacht der Welt. Eindrücke aus dem Arbeitsleben dieser Epoche in kolorierten Stichen.

Links oben: Minenarbeiter in Pennsylvania bei einer Versammlung (1872). – Links unten: Junge Arbeiterin in einer Spinnerei in Massachusetts (1841). – Mitte oben: Eine typische Südstaatenplantage in der Mitte des 19. Jahrhunderts. – Mitte unten: Sklavenarbeit auf einem Baumwollfeld im Tiefen Süden. – Links oben: Industriearbeiter in einer Textilfabrik (1881). – Links unten: »Bell time« – Arbeiter einer neuenglischen Fabrik auf dem Nachhauseweg (nach einer Zeichnung von Winslow Homer, 1868).

vorkommen, daß ein Abgeordneter für eine massive Kürzung des Verteidigungshaushalts eintritt, sich aber zugleich gegen die Schließung eines Marinestützpunkts in seinem Wahlkreis wehrt. Nur durch umständliche, für Außenstehende undurchschaubare Kuhhändel – *pork-barrel politics* (Schweinefaß-Politik) oder kurz *pork* genannt – werden die lokalen mit den nationalen Interessen zur Deckung gebracht.

Eine Einigung ist auch deshalb schwierig, weil Fraktionsdisziplin nicht unbedingt zum Selbstverständnis des Gewählten gehört. Dies wiederum hat damit zu tun, daß die Parteien in der amerikanischen Politik eine vergleichsweise geringe Rolle spielen. Sie sind im wesentlichen Wahlvereine mit vielen freiwilligen Helfern, die sich nach der Wahl wieder zerstreuen. Daß die amerikanische Politik – wenn auch unter wechselndem Namen – stets von zwei Parteien beherrscht wurde, ist eine Folge des

Links: Noch werden die Loren von Pferden gezogen – hier vor der Kohlenmine bei Scranton, einem der ersten Industriezentren in Pennsylvania (Foto von 1919).

Mitte oben: Baumwollanbau in Georgia (Foto von 1941).

Mitte unten: Tabakfeld in Virginia.

Mehrheitswahlrechts. Wie in England gibt es in jedem Wahlkreis nur einen Gewinner; die für die unterlegenen Kandidaten abgegebenen Stimmen sind verloren. Dies schließt nicht aus, daß von Zeit zu Zeit dritte Parteien auftauchen. Die bereits erwähnten radikalen «Know-Nothings» gehörten ebenso dazu wie der exzentrische Milliardär Ross Perot, der den Präsidentschaftswahlen von 1992 ihre besondere Würze gab. An die Macht kamen diese dritten Kräfte jedoch nur selten. Dagegen gelang es ihnen gelegentlich, die Kreise der etablierten Parteien empfindlich zu stören.

Bei den Präsidentschaftswahlen des Jahres 1912 versagte ein Teil der Republikaner William Howard Taft, dem offiziellen Kandidaten ihrer Partei, die Gefolgschaft und gründete eine «Progressive Party», als deren Kandidaten sie den Ruheständler Theodore Roosevelt nominierte. Das Resultat war, daß schließlich weder Taft noch Roosevelt gewählt wurden, sondern der Demokrat Woodrow Wilson.

Die gegenseitige Blockade von Weißem Haus und Kongreß hat dazu geführt, daß wichtige Fragen oft durch das Verfassungsgericht entschieden werden. Nicht zu Unrecht hat man den Supreme Court die größte Macht in Washington genannt. Dies wurde nie deutlicher als in den drei Jahrzehnten, in denen die Präsidenten Earl Warren (1953 – 1969) und Warren Burger (1969 – 1986) dem Gericht vorstanden. 1954 erklärte es die Rassentrennung für verfassungswidrig und drückte damit der Bürgerrechtsbewegung die Waffe in die Hand, die ihr schließlich zum Sieg verhalf. Nicht minder bedeutsam war die strenge Bindung der Polizei an rechtsstaatliche Grundsätze und die – später widerrufene – Abschaffung der Todesstrafe. Wohl das größte Aufsehen erregte 1973 das Urteil, mit dem der Supreme Court die Abtreibung legalisierte. Kein Wunder, daß die Besetzung der Richterstellen jedesmal heftige Emotionen weckt.

Oben: Unverkaufte Baumwollballen auf der Columbia-Plantage in South Carolina. Nach dem Beginn der Weltwirtschaftskrise 1929 war die Nachfrage nach Baumwolle drastisch gesunken; viele Farmer gingen dazu über, andere Pflanzen, wie Pecan- und Erdnüsse, Mais und Sojabohnen, anzubauen (Foto von 1934).

Der Untergang des Alten Südens

Die Rassentrennung war die Rückzugsposition der Sklavenhalter des Südens gewesen, nachdem sie den Bürgerkrieg verloren hatten. Mit 618 000 Toten ließen in diesem Krieg zwischen den agrarisch geprägten Südstaaten und dem industriell ausgerichteten Norden, der sich schließlich an der Sklavenfrage entzündete, mehr Amerikaner ihr Leben als in den beiden Weltkriegen zusammen. Mehr noch: Er war ein politischer und psychologischer Einschnitt, dessen Folgen noch heute zu spüren sind. Wer sich selbst ein Bild davon machen will, sollte Virginia besuchen, wo die entscheidenden Schlachten geschlagen wurden. Virginia war nicht nur der nördlichste unter den elf abtrünnigen Staaten; hier residierte auch Jefferson Davis, der Präsident der Konföderation. Nicht weniger als sechsmal versuchten die Unionstruppen, Richmond, die Hauptstadt ihres Gegners, zu erobern. Als es ihnen nach vier Jahren dann gelang, war der Krieg zu Ende.

Der Anblick der Skyline von New York – ein langersehnter Moment für die unzähligen Einwanderer, die ihr Glück in der «Neuen Welt» versuchen wollten. Von 1892 bis 1954 war New York für rund 17 Millionen Menschen das Tor zum «Gelobten Land». Im Rekordjahr 1907 wurden weit über eine Million Neuankömmlinge durch das Registrationsgebäude der am 1. Januar 1892 eröffneten zentralen Einwanderungsstelle auf der kleinen Insel Ellis Island vor Manhattan geschleust. Mehr als 40 Prozent der Amerikaner haben einen Vorfahren, der über Ellis Island ins Land kam. Seit 1990 ist die Insel ein National Monument und kann besichtigt werden.

Links oben: Für alle, die sich keinen Kajütenplatz leisten konnten, war die Überfahrt auf den Schiffen mit qualvoller Enge, Kälte und großen Entbehrungen verbunden (Foto, um 1890). – Links Mitte: Schwer bepackt betreten die Einwanderer auf Ellis Island zum ersten Mal amerikanischen Boden (Foto von 1930). – Links unten: Deutsche Emigranten, die auf Ellis Island auf ihre Einreisegenehmigung warten (Foto von 1932). – Mitte oben: Blick auf den betriebsamen Hafen von New York. – Mitte unten: Ein Beamter der Immigrationsbehörde zeigt Kindern, die aus dem Europa des Ersten Weltkriegs nach Amerika kamen, die Wolkenkratzer Manhattans (Foto von 1919). – Rechts oben: Alle Immigranten mußten sich strengen medizinischen Untersuchungen unterziehen, die besonders gefürchtet waren. Die «Abfertigung» dauerte in der Regel vier Stunden. Wer krank oder politisch verdächtig war, wurde mit dem sogenannten «Anarchistenschiff» nach Europa zurückgeschickt (Foto von 1920). – Rechts unten: Erschöpft von den Strapazen der langen Schiffsreise – Einwanderin aus der Slowakei mit ihrem Hab und Gut (Foto von 1905).

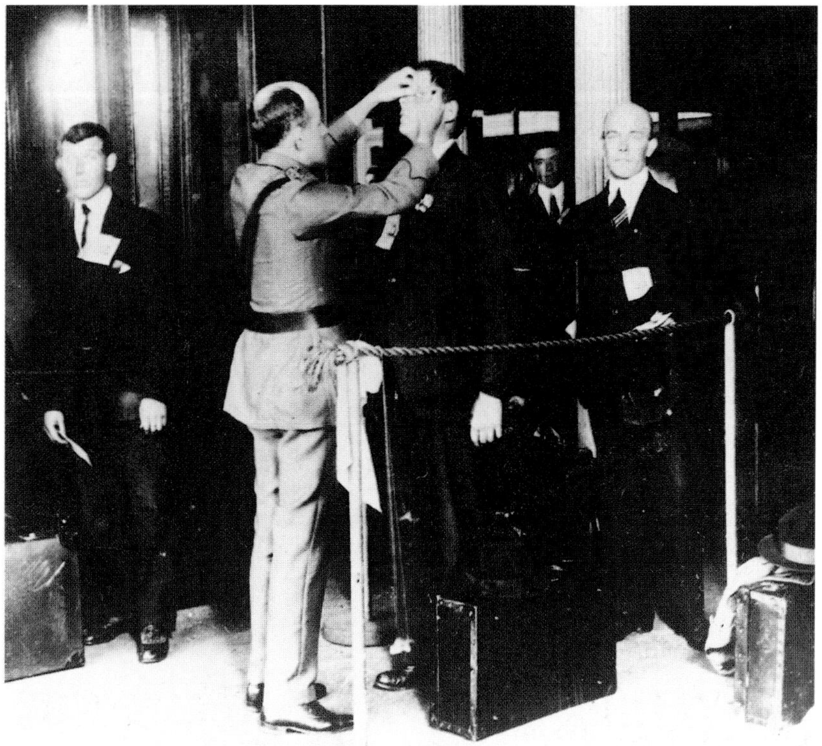

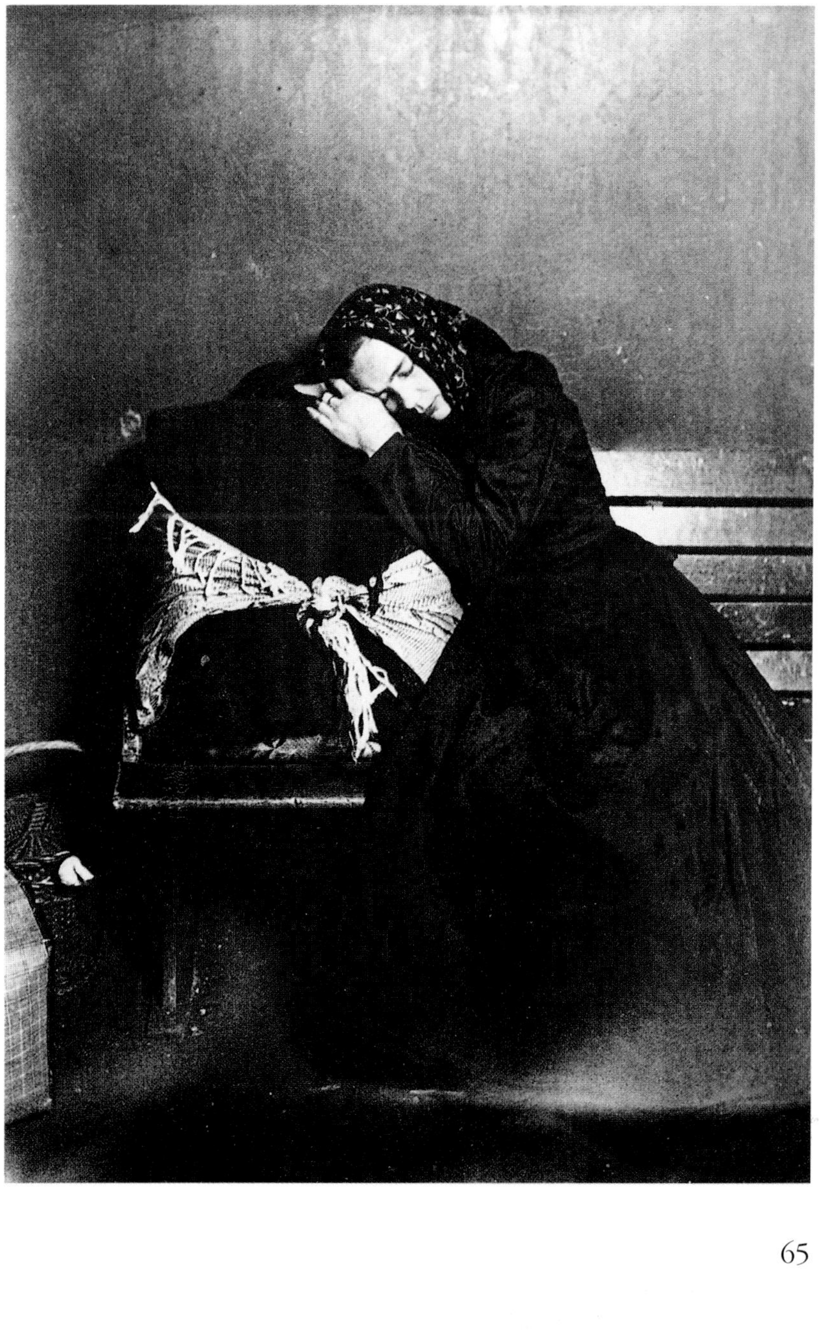

New York zu Beginn des 20. Jahrhunderts.

Links: Bei seiner Fertigstellung 1902 das höchste Gebäude der Stadt – das Flatiron Building (Foto von 1903).

Mitte oben: Blick aus dem Zeppelin auf Manhattan (koloriertes Foto von 1924).

Mitte unten: Um 1930 hatte der Modetanz Charleston fast die gesamte Ostküste erobert.

Zunächst war es die Beerdigung der Gefallenen, die das Interesse an den Schlachtfeldern wachhielt. Im Lauf der Zeit verwandelten sich die Soldatenfriedhöfe in Nationalparks – weitläufige, gepflegte Anlagen, die besonders an Wochenenden Zehntausende von Besuchern anziehen. Nicht jedem genügt das passive Anschauen. An den Jahrestagen der berühmtesten Waffengänge werfen sich Massen von Freiwilligen in die alten Uniformen, um die Siege oder Niederlagen ihrer Vorfahren nachzuspielen. Da die Verwaltung der Gedenkstätten das *reenactment* an Ort und Stelle nicht zuläßt, weichen sie auf nahe Wiesen und Felder aus, deren Eigentümer sich für die Verheerungen üppig entschädigen lassen. Sieben Schlachtfelder in Virginia und je eines in Maryland (Antietam) und Pennsylvania (Gettysburg) sind heute nationale Gedenkstätten.

Mehr noch als mit dem Kriegsgeschehen verbinden die Amerikaner Gettysburg mit der kurzen Rede, die der republikani-

sche Präsident Abraham Lincoln am 19. November 1863 hielt, als er auf dem Schlachtfeld einen Soldatenfriedhof einweihte. Die «Gettysburg Address» mit ihrem Bekenntnis zum «government of the people, by the people, for the people» ist jedem Schulkind vertraut. Selbst der europäische Besucher glaubt hier das Rauschen des Mantels der Geschichte zu spüren. Von allen Schlachtfeldern des amerikanischen Bürgerkriegs ist Gettysburg sicher das eindrucksvollste.

Begonnen hatte der Krieg in Charleston, damals die reichste Stadt des Südens. Am 20. Dezember 1860 erklärte South Carolina, als Protest gegen die Wahl Abraham Lincolns, einem scharfen Gegner der Sklaverei, zum Präsidenten, seinen Austritt aus der Union. Weitere Staaten folgten und gründeten am 4. Februar 1861 die «Konföderierten Staaten von Amerika». Am 12. April 1861 nahmen die Truppen der Konföderierten Fort Sumter auf einer Insel vor Charleston unter Beschuß und zwan-

New York – nicht nur Finanzhauptstadt, sondern auch die Kulturmetropole der Welt.

Oben: Die legendäre Wall Street, der Sitz der New Yorker Börse (Foto von 1903).

Mitte unten: Die Schauspielerin Ruth Elder unterschreibt beim Produzenten Adolph Zukor (rechts) den Vertrag für den Film «Glorifying the American Girl» (Foto von 1928).

Auch heute hat New York, der «Big Apple», nichts von seinem vielgerühmten Flair verloren.

Links oben: Der nächtliche Times Square.

Links unten: Die elegante McDonald's-Filiale im Financial District.

Mitte: Über achtzigtausend Menschen asiatischer Herkunft leben in Chinatown.

gen es zur Kapitulation. Präsident Lincoln reagierte sofort. Ohne den Kongreß zu fragen, wertete er den Angriff als Kriegserklärung und begann mit der Aushebung von Truppen. Wer Margaret Mitchells Roman «Vom Winde verweht» (1936) gelesen hat, weiß, daß South Carolina für seine Vorreiterrolle schwer büßen mußte. Neben Georgia war es das Hauptopfer des berüchtigten «Marsches zur See», auf dem General Sherman alles, was am Weg lag, verwüstete.

Charleston selbst blieb verschont – der Legende nach, weil dort eine Geliebte von Sherman wohnte. Doch beraubte die Freilassung der Sklaven die großen Plantagenbesitzer von South Carolina ihres besten Kapitals. 1886 wurde Charleston überdies von einem schweren Erdbeben heimgesucht. «Zu arm, um sie neu zu streichen, zu stolz, um sie weißzuwaschen», ließen die alten Familien ihre Villen, wie sie waren, und zogen es vor, durch Würde wettzumachen, was ihnen an Geldmitteln fehlte. Charleston verrottete still vor sich hin. Als sich die wirtschaftlichen Verhältnisse besserten, merkten die Stadtväter, was für ein Juwel sie in den Händen hielten. Im Jahr 1929 beschlossen sie, die Villen unter Denkmalschutz zu stellen. Es war das erste Gesetz dieser Art in Amerika.

Der lange Weg zur Freiheit

Bis zur Gleichberechtigung hatten die freigelassenen Sklaven allerdings noch einen langen Weg vor sich. Kaum waren die Unionstruppen abgezogen (1877), setzte der Süden die frühere Diskriminierung in neuem Gewand fort. Eine Fülle administrativer Schikanen stellte sicher, daß nur ein kleiner Teil der Schwarzen in den Genuß des Wahlrechts kam. Der Ku-Klux-Klan sorgte dafür, daß die *white supremacy*, die Überlegenheit der Weißen, unangetastet blieb. Wer nicht begriff, was die

Glocke geschlagen hatte, mußte damit rechnen, daß ihm das Haus über dem Kopf angezündet und er selbst gelyncht wurde. Bis 1949, dem ersten Jahr, in dem kein einziger Schwarzer der Lynchjustiz zum Opfer fiel, wurden im Süden mehr als viertausend Menschen ohne ordentliches Verfahren hingerichtet. 1896 gab der Supreme Court der Rassentrennung und dem scheinheiligen Grundsatz «Separate, but equal» (Getrennt, aber gleich), der die Schwarzen de facto zu Bürgern zweiter Klasse degradierte, seinen höchstrichterlichen Segen. Restaurants mit dem Schild «Whites only» und Parkbänke mit der Aufschrift «Colored» gehörten von da an zum Alltag.

In den neunziger Jahren begann auch die große Abwanderung. Bis 1970 kehrten mehr als fünf Millionen Schwarze den entwürdigenden Verhältnissen im Süden den Rücken und ließen sich in den Wirtschaftszentren des Nordens – vor allem New York, Chicago, Detroit und Philadelphia – nieder. Harlem wurde die schwarze Hauptstadt Amerikas. Hier gab es nicht nur die berühmtesten Jazzlokale, hier etablierten sich auch die politischen Organisationen, die für die tatsächliche Gleichstellung der Schwarzen kämpften. Doch brachte erst der Zweite Weltkrieg die Dinge in Bewegung. Zu Beginn des Kriegs hatte es noch Streitigkeiten darüber gegeben, ob die Blutkonserven der Lazarette nach Rassen getrennt werden sollten oder nicht. Im Schützengraben schien die Hautfarbe des Nebenmannes nicht mehr so wichtig. 1948 beseitigte Präsident Truman die Rassentrennung sowohl beim Militär wie im gesamten öffentlichen Dienst. Bis heute ziehen die Streitkräfte überproportional viele Schwarze an. Ihr Anteil an der Bevölkerung beträgt zwölf Prozent. In der Armee ist fast jeder dritte Soldat schwarz, unter den Offizieren allerdings nur jeder zehnte. Doch stehen den Schwarzen, wie der Fall des ehemaligen Generalstabschefs Colin Powell zeigt, inzwischen auch die höchsten Ränge offen.

Oben: Als die Brooklyn Bridge 1883 nach vierzehnjähriger Bauzeit eröffnet wurde, feierte man die imposante Stahlseilkonstruktion mit den mächtigen neugotischen Pfeilern als eine der kühnsten Ingenieurleistungen der Epoche.

Fortsetzung Seite 85

PENNSYLVANIA, ATLANTIC CITY

In zwei Eisenbahnstunden war ich in Philadelphia ... Ich besuche die Hall der Unabhängigkeitserklärung; begleitet von erklärenden Ansagern drängen sich hier Herden von Schülern und ehrfürchtigen Reisenden. Trotz dieser Menge empfinde ich das Bewegende des Ortes. Man hat den Tisch, die alten Stühle, das Tintenfaß und den Federhalter genau so erhalten, wie sie am Tage der Geburt der Vereinigten Staaten waren. Ich sehe die große Glocke, die die Freiheit einläutete, als die Unabhängigkeitserklärung unterzeichnet wurde, die Glocke der Freiheit.

Simone de Beauvoir, 1950

◁ PENNSYLVANIA

Linke Seite: Straßenparade in Philadelphia. Hier wurde am 4. Juli 1776 die Unabhängigkeit der 13 Kolonien von England vertraglich besiegelt.

Rechte Seite: Das eindrucksvolle State Capitol in Harrisburg, der Hauptstadt von Pennsylvania.

PHILADELPHIA *Blick vom Philadelphia Museum of Art auf die imposante Skyline der Innenstadt. Mit etwa 1,6 Millionen Einwohnern ist Philadelphia nach New York City die zweitgrößte Stadt an der amerikanischen Ostküste.*

SOUTH STREET *Die South Street im Zentrum von Philadelphia ist mit ihren Bars, Restaurants, Theatern und Nachtclubs einer der beliebtesten abendlichen Treffpunkte der Stadt.*

PHILADELPHIA *Anläßlich der Zweihundertjahrfeier von Philadelphia 1976 wurden zahlreiche Gebäude in der teilweise heruntergekommenen Innenstadt saniert, um der Stadt wieder ein attraktives Image zu geben.*

WALK
NO TURN ON RED

EPHRATA *In Ephrata, einem kleinen Provinzstädtchen im Pennsylvania Dutch Country. Diese Region ist Heimat zahlreicher deutschstämmiger Amerikaner, darunter auch der Amish People, einer strenggläubigen Volksgruppe, die sich Anfang des 18. Jahrhunderts hier niederließ.*

LANCASTER *Eine Farm der Amish, wie man am Windrad und dem Fehlen von Stromleitungen erkennt. Denn die Angehörigen dieser Volksgruppe lehnen moderne Technik konsequent ab: Sie verzichten auf landwirtschaftliche Maschinen ebenso wie auf Elektrizität, Autos oder Telefon.*

PHILADELPHIA
MUSEUM OF ART

Das Philadelphia Museum of Art, das seit 1928 in einem prachtvollen neoklassizistischen Gebäude untergebracht ist, gehört zu den umfangreichsten und bedeutendsten Kunstsammlungen der USA.

AMISH PEOPLE *Ein Bild wie aus alten Tagen: Amish-Farmer mit seinem Maultiergespann auf dem Weg in das Städtchen Paradise, Pennsylvania. Die traditionsbewußte Religionsgemeinschaft der Amish People hat sich ganz dem einfachen Landleben verschrieben.*

ATLANTIC CITY

Das auf einer Insel vor New Jersey gelegene Atlantic City war einst ein vornehmer Badeort, verlor aber dann durch die wachsende Konkurrenz Floridas seine Bedeutung. Erst als dort 1976 nach einer Abstimmung das Glücksspiel genehmigt wurde, erwachte die Stadt zu neuem Leben.

In den unzähligen Kasinos am Boardwalk, der hölzernen Uferpromenade von Atlantic City, sind der Spielleidenschaft keine Grenzen gesetzt. Hier das «Caesar's», das dem berühmten «Caesar's Palace» in Las Vegas nachempfunden ist.

ATLANTIC CITY ▷

CAESARS

Das Urteil im Verfahren Brown gegen das Board of Education in Topeka (1954), das die Rassentrennung für verfassungswidrig erklärte, zwang die Südstaaten, umzudenken und dem Beispiel der Bundesregierung zu folgen. Sie taten es nur zähneknirschend. Es bedurfte noch einer Reihe von Bundesgesetzen, um die Diskriminierung der Schwarzen zu beenden. Ganz verschwunden ist sie noch immer nicht. Doch hat sie heute nicht rechtliche, sondern wirtschaftliche Gründe. Zwar gibt es schwarze Millionäre und einen stetig wachsenden schwarzen Mittelstand. Aber der Anteil der Habenichtse, der Arbeits- und Obdachlosen ist immer noch sehr groß. Jeder zehnte Weiße lebt unterhalb der Armutsgrenze; bei den Schwarzen ist es jeder dritte. Die Arbeitslosigkeit der Schwarzen ist doppelt so hoch wie die der Weißen. Die Hauptursache für den wirtschaftlichen Rückstand ist die mangelhafte Ausbildung: 30 Prozent der Schwarzen verlassen vorzeitig die Oberschule; bei den Weißen sind es nur 20 Prozent. 28 Prozent der Weißen besuchen ein College, aber nur 22 Prozent der Schwarzen.

Kein Wunder, daß viele auf Abwege geraten. Der Anteil der Schwarzen unter den Insassen amerikanischer Gefängnisse beträgt 45 Prozent – fast das Vierfache ihres Anteils an der Bevölkerung. Auch unter den Opfern der Verbrechen sind unverhältnismäßig viele Schwarze zu finden. In den letzten Jahren wurden in Washington 96 Prozent aller Tötungsdelikte von Schwarzen begangen: Neun von zehn Opfern hatten die gleiche Hautfarbe. Hier ist ein Spaltungsprozeß zu beobachten: Ein Teil der Schwarzen eifert den *underdogs* früherer Generationen nach – den Iren, Italienern und Ostjuden: Er verläßt das Ghetto und gliedert sich in die farbenblinde Gesellschaft der wirtschaftlich Erfolgreichen ein. Die anderen bleiben zurück – alleinerziehende Mütter, Drogensüchtige, Kriminelle. In den großen Städten ist die Segregation immer noch sehr ausgeprägt. Drei von vier schwarzen New Yorkern leben in rein schwarzen Gegenden – was für amerikanische Verhältnisse sogar noch verhältnismäßig günstig ist.

Wie man mit diesem Handicap fertig werden soll, darüber sind die Meinungen sehr geteilt. Im Mittelpunkt der Diskussion steht die *affirmative action*, ein Schlüsselbegriff des «Civil Rights Act» von 1964, der die berufliche Gleichstellung der Minderheiten – zu denen auch die Frauen gezählt werden – fördern soll. Die Tragweite des Begriffs war von Anfang an unklar. Im Verlauf einer wechselvollen, von Widersprüchen keineswegs freien Rechtsprechung schälte sich eine Art Grundrecht heraus, das eine Handhabe dafür bieten sollte, die bevorzugte Einstellung von Schwarzen und Frauen zu erzwingen. Wo allerdings die Grenze zwischen rechtmäßiger Förderung einer benachteiligten Minderheit und rechtswidriger Zurücksetzung der Mehrheit verläuft, wurde nie ganz deutlich. Nur soviel steht fest: Schwarzen- und Frauenquoten sind verfassungswidrig. Seit einigen Jahren scheint sich wiederum eine Wende anzubahnen: Immer häufiger nehmen die Verfassungsrichter zurück, was ihre Vorgänger freigiebig verteilten. Die *affirmative action* scheint auf dem besten Weg ins politische Abseits – worüber durchaus nicht alle Frauen und Schwarzen unglücklich sind: Gerade die Qualifizierten unter ihnen haben es satt, nicht nach ihren Fähigkeiten eingeschätzt zu werden, sondern nur nach ihrem Geschlecht und ihrer Hautfarbe.

Eine dritte Minderheit sind die Hispanics. Oft werden sie mit den Schwarzen in einen Topf geworfen, wozu wenig Grund besteht. Auch untereinander empfinden sie sich keineswegs als einheitliche Gruppe. Gemeinsam erfaßt werden sie erst seit der Volkszählung von 1980. Die Kubaner in Florida sind untereinander zerstritten; nur in einem Punkt sind sie sich einig: Mit den Mexikanern wollen sie nichts zu tun haben. Die Mexikaner wiederum haben für die Südamerikaner nicht viel übrig. Die Puertoricaner schließlich beklagen sich, von den politischen Flüchtlingen über die Schulter angesehen zu werden. Wenn es schon ein Sammelname sein soll, dann ziehen alle «Latinos» vor.

Die glitzernde Welt der Spielkasinos in Atlantic City, New Jersey, das gern als «Las Vegas des Ostens» bezeichnet wird.

Die Massenflucht der Kubaner nach Florida begann 1959. Es waren Landbesitzer, Geschäftsleute, Ärzte, Anwälte und Ingenieure, die dem kommunistischen Paradies des «Máximo Lider»

Idyllisch wirkt Philadelphia im 19. Jahrhundert, auch wenn es sich in diesem Zeitraum zu einem bedeutenden Standort der Schwerindustrie entwickelt.

Oben: Auf der Girard Avenue Bridge (kolorierte Kreidelithographie, um 1870).

Unten: Die Broad Street (heute 14th Street) im Zentrum der Stadt.

Fidel Castro entflohen. Da sie Geld hatten und gebildet waren, wurden sie mit offenen Armen aufgenommen. Nur wenige sahen damals voraus, daß die erzkonservativen Zuwanderer das traditionell demokratische Florida in eine Bastion der Republikaner verwandeln würden. Anders stand es mit der zweiten kubanischen Welle, die der ersten in den achtziger Jahren folgte. Die «Marielitos» – so genannt nach den Schiffen, die in der kubanischen Hafenstadt Mariel ablegten – waren lichtscheue Gestalten, die Castro mit boshafter Absicht in das verhaßte Nachbarland ausreisen ließ.

Drogen – Amerikas verlorener Krieg?

In den letzten Jahren schnellte die Kriminalität in Florida schlagartig in die Höhe. Daß der Name der Krimi-Serie «Miami Vice» nicht zufällig gewählt ist, wissen nach einigen aufsehenerregen-

den Touristen-Morden inzwischen auch die Deutschen. In der Kriminalstatistik steht Florida nach der Bundeshauptstadt Washington an zweiter Stelle. Das lukrativste Gewerbe der Unterwelt ist freilich nicht der Raubüberfall, sondern der Handel mit Rauschgift. Seinem Ruf, die Welthauptstadt des Drogenschmuggels zu sein, macht Miami alle Ehre. Etwa ein Drittel des importierten Kokains, Heroins und Marihuanas, schätzen Experten, kommt über die Südspitze Floridas ins Land. Die Annahmen über den Verkaufswert schwanken, doch dürfte er höher liegen als die Gesamteinkünfte der amerikanischen Landwirtschaft. Der Rauschgifthandel ist – noch vor dem Tourismus – Floridas einträglichster Wirtschaftszweig.

Der Kreuzzug der Regierung, die sich den Kampf gegen den Rauschgifthandel viele Milliarden Dollar kosten läßt, ist zwar nicht völlig erfolglos geblieben. Doch hat er den Kern des Übels, die Sucht, bisher nicht treffen können. Es fehlt nicht an

Europäischer Charme kennzeichnet Boston, bis Mitte des 18. Jahrhunderts die größte Stadt des Kontinents.

Oben: Die Tremont Street (koloriertes Foto, um 1890).

Unten: Die 1742 erbaute Faneuil Hall. Das Markt- und Versammlungsgebäude war ein Geschenk des hugenottischen Kaufmanns Peter Faneuil an die Stadt.

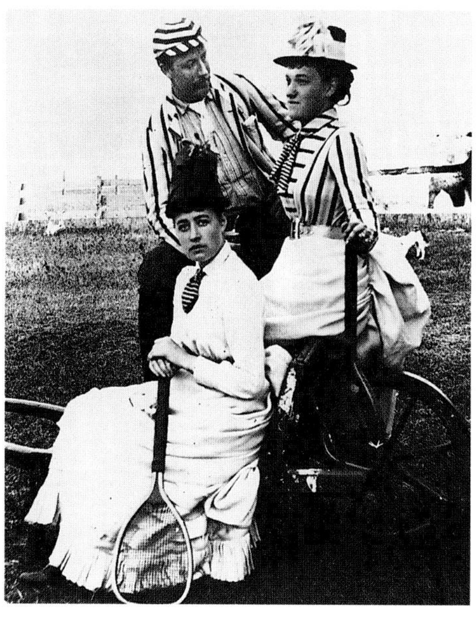

Die Ostküste um die Jahrhundertwende: Während die Städte schon im Zeichen der Moderne stehen, hält das 20. Jahrhundert auf dem Land nur langsam seinen Einzug. – Oben links: »Der Postmann kommt« – auf der River View Farm in Newfane, Vermont (Foto, um 1910). – Unten links: Familienbild auf Nantucket. Bis zum Ende des 19. Jahrhunderts war die Insel der wichtigste Walfängerhafen der Welt. – Unten rechts: Das Tennisspiel blieb dem gehobenen Bürgertum vorbehalten (Foto, um 1887). – Oben rechts: In den Südstaaten wird die Rassentrennung streng eingehalten – im Country Store in Gordonton, North Carolina, ist für die Schwarzen nur auf der Veranda Platz (Foto von 1939). – Unten links: Fischer in der Narragansett Bay, Rhode Island (Foto von 1920). – Unten rechts: Stolz präsentieren diese Fischer die erlegten Haie.

TEXACO
-Refreshing
Chesterfields
SATISFY
Camel
SWEET
SCOTCH
SNUFF
POP KOLA
Coca-Cola
OLD GOLD
Cigarettes
LUCKY STRIKE

Oben: Die New Yorker Polizei konfisziert mit Bier gefüllte Behälter – eine Szene aus der Zeit der Prohibition in den Jahren 1919 bis 1933 (Foto von 1930).

Unten: Vertreterinnen der «International Ladies' Garment Workers' Union» bei der Erste-Mai-Demonstration 1916 in New York. Die ersten Frauengewerkschaften entstanden um 1900 in der Textilindustrie.

Stimmen, die der Regierung vorwerfen, den falschen Kurs zu steuern. Statt dem Suchtkranken zu helfen, klagen sie, falle dem Staat nichts Besseres ein, als ihn zu bestrafen. Statt den Bedarf auszutrocknen, begnüge er sich mit der Verfolgung der Händler, die, solange es Abnehmer gebe, immer Wege fänden, die Nachfrage zu befriedigen. Andere gehen sogar noch weiter. In ihren Augen ist der Kampf gegen den Drogenkonsum ebenso aussichtslos wie die Prohibition in den zwanziger Jahren: Auch sie habe damals nichts weiter bewirkt, als das organisierte Verbrechen großzumachen und ihm eine sichere Einkommensquelle zu verschaffen.

Tatsächlich ist es logisch nicht zu begründen, daß die Regierung aus dem Vertrieb der Suchtgifte Alkohol und Nikotin Profit zieht, jedoch andere verbietet. Insofern gibt es überzeugende Argumente für die Freigabe der gebräuchlichsten Rauschgifte. Auch deren Gegner räumen ein, daß eine Liberalisierung durchaus segensreiche Folgen hätte. Mit der Zulassung der Einfuhr von Drogen würde das kriminelle Netz der Importeure und Verteiler ausgetrocknet. Die Preise für die «heiße Ware» sänken ins Bodenlose. Die Süchtigen brauchten also niemanden mehr zu berauben, um ihre Sucht zu finanzieren. Die Polizei, die in Miami und in anderen Großstädten einen erheblichen Teil ihrer Zeit der Eindämmung des Rauschgifthandels widmet, würde entlastet und könnte sich endlich anderen, bisher vernachlässigten Aufgaben widmen. Entlastet würden auch der Bundeshaushalt und die Beziehungen zu Ländern, aus denen die Drogen importiert werden.

Dennoch deutet bisher nichts darauf hin, daß die akademische Debatte in praktische Maßnahmen umgesetzt würde. Der Kongreß läßt keinerlei Neigung erkennen, sich an diesem heißen Eisen die Finger zu verbrennen. Im Gegenteil: In den letzten Jahren hat er die Strafen sogar noch verschärft. Umfra-

Mitte: Die Wall Street in Aufruhr – mit dem Zusammenbruch der Aktienkurse an der New Yorker Börse am 29. Oktober 1929 begann die Weltwirtschaftskrise.

Rechts: Im «Marsch auf Washington» am 28. August 1963 (unten) demonstrierten über 200 000 Amerikaner, angeführt von dem schwarzen Prediger Martin Luther King (oben) für mehr Bürgerrechte.

gen zeigen, daß auch vier von fünf Amerikanern von einer Freigabe der Drogen nichts wissen wollen. Der Polizei in Miami wird nichts anderes übrigbleiben, als sich auch in Zukunft hauptsächlich mit der Drogenkriminalität zu beschäftigen.

Urlaubsziel mit ganzjähriger Saison

Den Besucher von Übersee braucht dies alles, wenn er seinen gesunden Menschenverstand walten läßt und aufpaßt, glücklicherweise nicht zu kümmern. Bevor die europäischen Touristen kamen, hatten schon die Amerikaner Florida entdeckt. Die Landesväter, die Stephen Forsters populäres Lied «Old Folks At Home» zur Staatshymne erhoben, konnten nicht ahnen, daß Florida dermaleinst Amerikas Altersheim werden würde. In den achtziger Jahren wuchs die Bevölkerung um 33 Prozent – von 9,7 auf 13 Millionen Einwohner. Daß sich so viele Ruheständler im «Sunbelt» niederlassen, hat zum einen mit dem Sonnenhunger der Amerikaner und ihrer steigenden Lebenserwartung zu tun. Zum andern ist es das Verdienst von Willis H. Carrier, der 1911 das *airconditioning* erfand. Die von Carrier ersonnene Klimaanlage, die die Luft kühlt und ihr zugleich Feuchtigkeit entzieht, verwandelte den einst gemiedenen Süden in eine Ferienkolonie mit ganzjähriger Saison. Nach New York verfügt die Gegend um Orlando über die größte Zahl von Hotels im Land. Besonders im Winter fallen Scharen von Zugvögeln aus dem Norden ein und belegen noch das letzte Bett.

Der Zuzug der Alten hatte allerdings auch seine Schattenseiten. Miami Beach erwarb den Ruf, «der größte Elefantenfriedhof der Erde» zu sein. Jüngere Leute blieben weg und gingen lieber in das benachbarte Fort Lauderdale, wo man leichter Anschluß an Gleichaltrige fand. In den siebziger Jahren kam ein weiteres Malheur hinzu: Der Strand war in Gefahr, vom Meer allmählich

Links oben: Am Swimmingpool des 1929 eröffneten Hotels «The Breakers» in Palm Beach, das bis heute zu den luxuriösesten Hotelanlagen an der amerikanischen Ostküste gehört.

Links unten: Ein origineller Aussichtspunkt in der Nähe von Atlantic City, der Metropole des Glücksspiels.

weggespült zu werden. Dies und die Berichte über den Drogenhandel, ethnische Spannungen und steigende Kriminalität führten dazu, daß die Zahl der Touristen bedenklich sank. Eine Zeitlang schien es, als werde Miami Beach den gleichen Weg des Verfalls gehen wie Atlantic City.

Atlantic City war einst Amerikas elegantester Badeort gewesen, der den Vergleich mit europäischen Seebädern wie Biarritz, Brighton oder Scheveningen nicht zu scheuen brauchte. Ein Fremdenführer aus dem Jahr 1891 verzeichnet nicht weniger als 570 Hotels und Pensionen. Wie bekannt die Straßen von Atlantic City im ganzen Land waren, geht schon daraus hervor, daß das Monopoly-Spiel ihre Namen verwendet. Der entscheidende Unterschied zwischen damals und heute ist, daß bis zum Zweiten Weltkrieg nicht nur ein kleinbürgerliches Publikum den Strand bevölkerte, auch wohlhabende Leute verbrachten in Atlantic City ihre Ferien. Der Siegeszug des Flugtourismus vertrieb die «Bessergestellten». Die eleganten Hotels der Jahrhundertwende fielen sämtlich der Abrißbirne zum Opfer.

Wer heute nach Atlantic City fährt, kommt nicht mehr zum Baden, sondern zum Spielen. Als die schlauen Bürger von «Las Vegas East» 1976 das in Amerika verpönte Glücksspiel zuließen, hatten sie eine Goldgrube entdeckt. 1978 eröffnete das erste Kasino-Hotel seine Tore. 1980 waren es bereits vier. Heute wetteifern nicht weniger als zwölf Spielhallen um die Geldbeutel der Wagemutigen. Mit jährlich mehr als dreißig Millionen Besuchern steht Atlantic City an der Spitze der amerikanischen Touristenziele – weit vor Disney World in Florida und den Niagara-Fällen. Allerdings führt Atlantic City auch weniger attraktive Statistiken an. Die Zahl der Obdachlosen stellt, im Vergleich zur Zahl der Einwohner, alle anderen Städte des Landes in den Schatten. Auch an Geistesgestörten fehlt es nicht. Die meisten wurden von der Hoffnung verführt, am Spieltisch das große

Glück zu machen – eine Hoffnung, die, je nach der Barschaft, in ein paar Stunden oder ein paar Tagen zerstob. Zwischen 1950 und 1970 verließ ein großer Teil der weißen Bewohner die Stadt. Heute sind 60 Prozent der Bevölkerung Schwarze. Nur wenige von ihnen fanden in den Kasino-Hotels Beschäftigung.

Die Touristen bemerken von alledem nichts. Die meisten von ihnen reisen in Bussen aus New York, Philadelphia, Baltimore oder Washington an, werden an der Pacific Avenue abgesetzt und verschwinden sofort in den Spielhallen. Wenn überhaupt, machen sie ein paar Schritte auf dem Boardwalk, der hölzernen Strandpromenade, oder kaufen in den Basaren am Ozean ein Souvenir. Die Kasinos tun alles, um auch den kürzesten Ausflug überflüssig zu machen. Leichtbekleidete Hostessen sorgen dafür, daß niemand seinen «einarmigen Banditen» loslassen muß, um sich mit einem Drink zu versorgen. Auch zum Essen braucht keiner das Grundstück zu verlassen. Gutscheine für die Restaurants des Hauses stellen sicher, daß niemand auf gastronomische Entdeckungsreisen geht. Kein Sonnenstrahl dringt in die Spielsäle, keine Uhr mahnt zum Aufbruch. In den Kasinos steht die Zeit still.

Auch den Stadtvätern von Miami Beach ist es gelungen, die Touristen zurückzulocken. Der weggespülte Strand wurde nicht nur wiederhergestellt, sondern von dreißig auf neunzig Meter verbreitert. Der Boardwalk wurde instand gesetzt und von Landschaftsgärtnern gestaltet. Die still vor sich hin gammelnden Art-déco-Hotels aus den dreißiger und vierziger Jahren riß man aus ihrem Dornröschenschlaf. Heute leuchten sie wieder in allen Bonbonfarben, nostalgisch schön wie Volksempfänger und Nierentische. Die Amerikaner sind dankbar für den Touristenstrom aus Europa, der sich vor allem an ihre Strände ergießt. Dennoch gilt: Wer von der amerikanischen Ostküste nur Sand und Sonne gesehen hat, hat nichts gesehen.

Oben: Seine Lagunen und Kanäle trugen Fort Lauderdale den Beinamen «Venedig Amerikas» ein. Ein Netz aus Wasserläufen durchzieht die im Jahr 1838 gegründete Stadt.

WASHINGTON, D. C., MARYLAND UND VIRGINIA

Schulklassen von überallher und die Bewohner des weiten Landes … stürmten die Sehenswürdigkeiten, die Tempel, die Stätten der Geschichte … Es war keine materielle, es war eine geistige Landschaft. Lincoln Memorial, ein Säulentempel aus Marmor, betrachtete sich in der ihm als Spiegel vorgegrabenen Gracht. Im dunklen Wasser wiegte sich weihevoll der Wille zum Guten. Abraham Lincoln saß in Gedanken versunken in einem Großvaterlehnstuhl, und so konnte man ihn auch in kleiner Taschenausgabe als Andenken mit nach Hause nehmen.

Wolfgang Koeppen, 1959

◁ WASHINGTON

Linke Seite: Die mächtige Statue des republikanischen Präsidenten Abraham Lincoln (1809–1865) im Lincoln Memorial, Washington, D. C.

Rechte Seite: Die monumentale Lesehalle der Library of Congress wurde im Stil der Kirchenbauten der italienischen Renaissance gestaltet.

KAPITOL *Majestätisch thront das Kapitol auf dem gleichnamigen Hügel am östlichen Ende der Mall. Die Spitze des markanten Kuppelbaus bildet eine Bronzestatue mit der programmatischen Inschrift «E Pluribus Unum» – «Aus vielen wird eines».*

WASHINGTON MONUMENT *Einen herrlichen Blick über das nächtliche Washington bietet die Aussichtsterrasse in der Spitze des 169 Meter hohen Obelisken, der zu Ehren des ersten US-Präsidenten George Washington erbaut wurde.*

JEFFERSON MONUMENT

Das nach dem Vorbild des römischen Pantheons errichtete Jefferson Monument am Rand des Tidal Basin in Washington – ein eindrucksvolles Bauwerk als Denkmal für den Mann, der im Jahr 1776 federführend am Entwurf der amerikanischen Unabhängigkeitserklärung beteiligt war.

Wound Up
FLAGS
USA
TREASURES

OLD POST OFFICE *Das 1899 im neoromanischen Stil erbaute Old Post Office an Washingtons Pennsylvania Avenue wurde vor kurzem aufwendig renoviert. Seine riesige Halle mit ihren Boutiquen, Cafés und Restaurants hat sich zu einem sehr beliebten Innenstadt-Treffpunkt entwickelt.*

ADAMS MORGAN *Der Name dieses Stadtteils geht auf eine Bürgerinitiative der fünfziger Jahre zurück, die sich bemühte, die Kluft zwischen den weißen Schülern der Adams-Schule und den schwarzen Schülern der Morgan-Schule zu überwinden. Adams Morgan ist das lebendigste Viertel Washingtons.*

GEORGETOWN *Das schon 1751 zur Stadt erhobene Georgetown ist älter als Washington. Im Jahr 1871 eingemeindet, gilt das Viertel, das seinen eigenständigen Charakter bewahrt hat, inzwischen als eine der begehrtesten Wohngegenden der amerikanischen Hauptstadt.*

DAS «HAUPTSTADT-PROJEKT»: WASHINGTON, D. C.

Die Verwirklichung der «Idee einer Hauptstadt» in den Sümpfen des Potomac-Flusses gestaltete sich zunächst so schwierig, daß der Schriftsteller Charles Dickens noch 1842 ironisch von der «Hauptstadt der guten Absichten» sprach. Erst mit der Entwicklung der USA zur Weltmacht wurde Washington zu der prächtigen Metropole, wie man sie heute kennt.

Angesichts des architektonischen Pathos beiderseits der Mall, die sich als Achse durch Amerikas politisches Zentrum zieht, haben Hauptstadteuphoriker Superlative wie «monumental» und «kaiserlich» bemüht, wenn sie Washington zur «schönsten Stadt der Republik» kürten oder es zum «Paradestück der Demokratie» stilisierten – geliebt und verhätschelt vom ganzen Land. Dabei gerät leicht in Vergessenheit, daß die meisten Beispiele republikanischer Prachtentfaltung relativ neu sind: Die Kuppel des Kapitols wurde während des Bürgerkriegs (1861 – 1865) vollendet; das Washington Monument gibt es erst seit 1885, die Library of Congress und den Supreme Court in ihrer heutigen Gestalt seit 1897 bzw. 1935, das Lincoln Memorial seit 1927 und das Jefferson Memorial seit 1942. Noch bis in die zweite Hälfte des 19. Jahrhunderts kam Reisenden Washington erstaunlich ländlich vor, weil die Umgebung des Weißen Hauses zum Schnepfenschießen einlud und herrenlose Schweine sich auf der Pennsylvania Avenue suhlten. Geradezu totgeschwiegen wird von der Festtagsrhetorik das «andere Washington», das bereits 1867 ein Slumviertel vorzuweisen hatte und in dem derzeit über 600 000 Menschen, davon rund 70 Prozent Afroamerikaner, umgeben von Armut, räumlicher Enge, Schmutz, Kriminalität und Gewalt, ein eher bescheidenes Dasein fristen. Weder das «andere Washington» noch die lange Zeit halbherzig betriebene und immer wieder vertagte Verwirklichung der Vorzeigemetropole war im Sinn der Stadtgründer. Beides erklärt sich indessen wesentlich daraus, daß die amerikanische Verfassung (1787) den Bau eines Regierungssitzes auf bundeseigenem Boden verordnet hatte.

Links oben: Das Washington Monument im Bau (Foto von 1879). – Links unten und rechts oben: Von 1857 bis 1863 dauerte der Bau der gewaltigen Kuppel des Kapitols.

Daß sie ein Hauptstadtproblem hatte, erfuhr die junge Nation im Juni 1783, als eine Horde alkoholisierter Kriegsteilnehmer vor ihrer Volksvertretung Randale machte. Der Bund schuldete den Chaoten Sold für ihre vaterländischen Bemühungen im Unabhängigkeitskrieg. Schauplatz des rüden Geschehens war Philadelphia in Pennsylvania. Der Kongreß bat den Gastgeber um polizeilichen Schutz, aber Pennsylvanias Milizionäre verspürten keinerlei Neigung, sich mit den fronterfahrenen Kriegern herumzubalgen. In einer Nacht- und Nebelaktion vertagte sich darauf das Hohe Haus nach Princeton, New Jersey. Philadelphia dürfe sich nicht wiederholen, fand das Parlament, und der gewitzte James Madison die Lösung. Ein Regierungssitz müsse her, der von bundesstaatlicher Lust und Laune unabhängig sei. Erwünscht sei eine von mehreren Unionsstaaten abgetretene Zone *(district)*, deren Verwaltung ausschließlich Sache des Bundes sei. Ein entsprechender Beschluß wurde noch 1783 gefaßt und vier Jahre

später Bestandteil der amerikanischen Verfassung. In dieser legte man sich auf eine Fläche von zehn Quadratmeilen für den Distrikt fest, der die Gewähr für freies, dem Wohl des ganzen Volkes verpflichtetes Regieren bot. Überdies durften sich alle US-Amerikaner als Besitzer dieser «Kostbarkeit» fühlen.

Aber wohin mit der Bundesgewalt? Keiner der vorgeschlagenen Standorte erwies sich als konsensfähig. Nach jahrelangem Gefeilsche einigte man sich auf die politisch unverfänglichen Sümpfe des Potomac River und ermächtigte den amtierenden Präsidenten, George Washington, jene zehn Quadratmeilen vermessen zu lassen, von denen aus ab Dezember 1800 die Union zu regieren sei.

Mit dem Entwurf einer Hauptstadt wurde der Franzose Pierre-Charles L'Enfant betraut. Der in Versailles großgewordene Architekt plante Klassizistisch-Monumentales, entpuppte sich aber als *L'Enfant*

Links oben: Alltag im Herzen der Hauptstadt, an der Ecke 9th und G Street NW (Foto, um 1913). – Links: Der Bau des riesigen Finanzministeriums (Foto von 1862).

terrible und mußte bald seinen Hut nehmen. Dennoch wurde beim Bau der Stadt sein weitsichtig-genialer Plan großenteils verwirklicht.

Als entwicklungshemmend erwies sich der Status der Zehn-Quadratmeilen-Zone, die seit 1793 als District of Columbia (D.C.) firmiert. Weil der Kongreß die Hauptstadt in eigener Regie betrieb, blieb sie bis 1974 ohne gewählten Stadtrat und ohne Steuerhoheit. Weil D.C. kein Bundesstaat ist, wurde das Gebiet bis in unsere Tage als «koloniales» Protektorat gehalten, dessen Bewohner Steuern zahlen mußten, im Kongreß aber nicht mit Stimme vertreten und bis 1961 überdies von Präsidentschaftswahlen ausgeschlossen waren. Als Sitz der Bundesregierung lockte die Stadt vor allem Menschen und Gewerbezweige an, die sich vom Bund Brot und Schutz versprachen und schuf damit soziale Probleme, Arbeits- und Obdachlosigkeit, wie man sie auch von anderen Großstädten kennt. Nur, Washington hat sie in erhöhtem Maß. *Friedrich W. Horlacher*

BALTIMORE *Mit rund 750 000 Einwohnern ist der Ballungsraum Baltimore das unumstrittene wirtschaftliche und kulturelle Zentrum des Bundesstaats Maryland. Hier der mit großem Aufwand sanierte Inner Harbor, das Herz der Küstenmetropole.*

GEORGETOWN *Der Washingtoner Stadtteil Georgetown ist zu jeder Tageszeit belebt – tagsüber trifft man sich dort zum Lunch, Bankiers trinken nach Geschäftsschluß noch ein Bier und abends gibt es Live-Musik in den unzähligen Nachtclubs und Bars.*

ADAMS MORGAN *In Adams Morgan zeigt die sonst so majestätisch-strenge Hauptstadt ein gänzlich anderes Gesicht: Auf dem geschäftigen Samstagsmarkt, auf dem Waren aller Art angeboten werden, kann man sich bei einer Fußreflexzonenmassage entspannen.*

LURAY CAVERNS *Auch wer schon viele Tropfsteinhöhlen gesehen hat, wird von den Luray Caverns im Norden Virginias begeistert sein, die vor etwa 400 Millionen Jahren entstanden sind. Sie sind die größten und spektakulärsten Tropfsteinhöhlen im Osten der USA.*

GREAT FALLS PARK *Auf seinem Weg in die Hauptstadt Washington fließt der Potomac River durch malerische Schluchten und Waldlandschaften, bildet mächtige Strudel und Wasserfälle. Seine Stromschnellen im Great Falls Park, Virginia, stellen eine Herausforderung für mutige Kajakfahrer dar.*

In der Chesapeake Bay gingen Anfang des 17. Jahrhunderts englische Siedler an Land und gründeten mit Jamestown die erste dauerhafte Niederlassung auf amerikanischem Boden. Heute ist die weite Meeresbucht ein Eldorado für Wassersportler und Naturfreunde.

CHESAPEAKE BAY ▷

Friedrich W. Horlacher

GEOGRAPHIE · GESCHICHTE · KULTUR

Ein Glossar

Allgemeine Informationen

Definition Die Ostküste der Vereinigten Staaten erstreckt sich von der Grenze zu Kanada im Norden bis zur Südspitze der Halbinsel Florida. Im Gegensatz zu dieser eindeutigen Nord-Süd-Ausdehnung ist die Westgrenze der Ostküste eine Frage der Definition geblieben. Im vorliegenden Fall fiel die Wahl auf den Hauptkamm der Appalachen, der – über den Daumen gepeilt – bis zum Jahr 1776 das Äußerste an britisch-kolonialen Expansionsgelüsten markierte.

Geographie Die Natur findet innerhalb dieses Rahmens die topographischen und klimatischen Bedingungen, unter denen sie ihre ganze Formenfülle optimal entfalten kann – von den Laub- und Mischwäldern Neuenglands über die unglaublich artenreiche Vegetation der Appalachen mit Alpenrosen und Azaleen, blühenden Bergwiesen und Magnolienbäumen bis hin zur subtropischen Sumpfwildnis Floridas.

Den Osten Nordamerikas säumt weithin eine tiefliegende Küstenebene, die landeinwärts sachte ansteigt, während sie in nordöstlicher Richtung immer schmäler wird, bis sie sich oberhalb des Hudson im Atlantik verliert und nur auf Cape Cod und einigen Küsteninseln noch einmal zum Vorschein kommt. In Meeresnähe wird sie zu einer sich ständig wandelnden Übergangszone zwischen Wasser und Land, deren Kennzeichen Sandbänke, Lagunen, Dünen, Marschen und Sümpfe sind. Florida, obwohl ähnlich beschaffen, zählt geologisch nicht zu ihr, da es erdgeschichtlich erst spät Teil der kontinentalen Landmasse wurde. Eine topographische Besonderheit stellen die ausgedehnten Korallenbänke vor der Südspitze Floridas dar, die der warme Golfstrom hat entstehen lassen.

Schild eines Gasthauses in Colonial Williamsburg, dem aufwendig restaurierten Ort, der von 1699 bis 1776 Hauptstadt der englischen Kolonie Virginia war.

Eine Geländestufe, die sich parallel zur Küste in südwestlicher Richtung durch Neuengland, New York, Philadelphia, Washington, D.C., und diagonal durch Virginia, die Carolinas und Georgia zieht, führt hinauf in die Vorberge der Appalachen, das Piedmont-Plateau. Man hat deren Kante «Fallinie» *(Fall Line)* getauft, weil sie den dem Atlantik zufließenden Wassern ein abruptes Gefälle verleiht. Hier endete einst die Flußschiffahrt ins Landesinnere, aber dafür ließ sich die Wasserkraft industriell nutzen. Entlang der *Fall Line* entwickelten sich denn auch der oft «Megalopolis» genannte Ballungsraum im Norden (Boston – New York City – Philadelphia – Baltimore – Washington, D.C.) und «Metrolina» in den Carolinas (mit Charlotte, NC, als Zentrum). Wo das Piedmont in die Appalachen übergeht, erreicht es Höhen zwischen 350 und 450 Metern über dem Meer.

Geologisch ist das Piedmont eine gigantische Geröllhalde aus erodiertem Gestein der östlichen Appalachen und so – strenggenommen – Teil des Appalachen-Gebirgssystems. Dieses verläuft in südwestlicher Richtung und reicht von Neufundland bis Alabama. Seine höchsten Erhebungen liegen mit rund 2000 Metern am südlichen Ende, nämlich in den Great Smoky Mountains und im Blue Ridge. Im nördlichen Virginia und in Pennsylvania fehlt es den Appalachen an Höhe und Kontinuität, während sie jenseits des Hudson wieder Profil zeigen. Dies besonders in den White Mountains von New Hampshire, wo sich der Mount Washington mit stolzen 1917 Metern geradezu alpin gebärdet. Das Piedmont bildet hier die Atlantikküste, die felsig, zerklüftet und schroff sein kann.

Klima Das mitunter launenhafte Wetter der Ostküste ist das Produkt einfacher Klimafaktoren: Es wird bestimmt von Verhalten und Interaktion polarer kontinentaler und maritimer Luftmassen aus dem Norden und Nordosten sowie tropischer Meeresluft aus dem Golf von Mexiko. Letztere bedeutet Hitze und Schwüle im Sommer, milde Tage, aber auch Regen, tropische Stürme und Nebel zur kälteren Jahreszeit. Erstere stehen für kühles, klares Wetter in den Sommermonaten und für bitterkalte, windige und schneeverwehte Winter. Nördlich der Chesapeake Bay dominiert die polare Luft, südlich davon die tropische. Wetterstürze kündigen sich in der Konfliktzone, in der sie aufeinanderprallen, kaum an und bewegen sich zwischen Temperaturextremen. Regen fällt im Jahresschnitt allerorts reichlich.

Gliederung in Großräume Ehe der «Weiße Mann» die Ostküste für sich reklamierte, war diese Teil eines 1600 Kilometer breiten Waldgürtels und Heimat verschiedener Indianer-Kulturen. Die kolonisierenden Europäer, die sich da hineindrängelten, kamen mit unterschiedlichen Ansprüchen an die für sie «Neue

Elchkuh im Baxter State Park. Die Wahrscheinlichkeit, dem Wappentier Maines auf einer Reise durch diesen Staat zu begegnen, ist relativ hoch – denn in dem waldreichsten amerikanischen Bundesstaat leben rund 25 000 Elche; sie sind vor allem in den dünnbesiedelten Gebieten im Landesinneren anzutreffen. Im Hintergrund der Mount Katahdin, mit 1606 Metern der höchste Berg Maines.

Welt». Dies erklärt, warum schon zur Kolonialzeit ganz selbstverständlich differenziert werden konnte zwischen den *Südlichen Kolonien*, den *Neuengland-Kolonien* und den *Mittleren Kolonien* und – nach der Unabhängigkeitserklärung (1776) – zwischen den *Südstaaten*, den *Neuenglandstaaten* und den *Mittleren Atlantikstaaten*. Das Schema hat sich bis heute nicht abgenützt, was sich nicht zuletzt darin zeigt, daß jede dieser Regionen ihren spezifischen Dialekt des amerikanischen Englisch besitzt. Eine Sonderstellung nimmt das von den Spaniern kolonisierte *Florida* ein.

Neuengland

Geschichte Das heutige Neuengland umfaßt die Staaten Maine, Vermont, New Hampshire, Massachusetts, Rhode Island und Connecticut. Den Grundstein für dieses «neue» England legten religiöse Eiferer, mit denen das alte nichts zu tun haben wollte. 1620 setzte die «Mayflower» eine Gruppe sogenannter Separatisten – patriotisch zu Pilgervätern verklärt – an Land, die Plymouth Colony gründeten; Puritaner folgten zehn Jahre später und nannten ihr Unternehmen Massachusetts Bay Colony. 1691 verfügte die Krone die Fusion der beiden Kolonien, die fortan Massachusetts hießen. Weil man sich hier im alleinigen Besitz der biblischen Wahrheit wähnte, verkamen Querdenker schnell zu Ketzern und wurden verbannt. Wo diese sich niederließen, entstanden neue Kolonien: Roger Williams, ein liberaler Geistlicher (Gründer von Providence 1636), und Anne Hutchinson (Gründerin von Portsmouth 1638), ein in den Augen der calvinistisch-puritanischen Orthodoxie radikales Frauenzimmer, brachten Rhode Island auf den Weg; Thomas Hooker, ein Pastor, dem das selbstherrliche, autoritäre Gehabe seiner Glaubensbrüder mißfiel, 1636 Connecticut. Davor hatte 1623 Captain John Mason aus Hampshire, England, ein auf Erbfolge angelegtes Fürstentum New Hampshire gegründet. Verdmont, ein von New York und New Hampshire beanspruchtes Gebiet, konstituierte sich 1763 und erklärte sich 1777 zur unabhängigen Republik. 1791 wurde daraus der 14. Bundesstaat der Vereinigten Staaten, Vermont. Maine, seit 1791 zu Massachusetts gehörig, avancierte 1820 zum Bundesstaat.

Obwohl teilweise aus dem Dissens geboren, präsentiert sich Neuengland seit mehr als dreihundert Jahren als eine relativ geschlossene Interessen- und Problemgemeinschaft. Weil sich Neuengländer dazu ausersehen glaubten, den Gottesstaat auf Erden zu verwirklichen, wähnten sie sich in einer «Stadt auf dem Berg», zu der der Rest der Welt argwöhnisch aufschaute; weil man – calvinistisch – den Sinnen mißtraute und sich lieber auf den Verstand verließ, erwarb man sich das Image der Gefühlskälte, Reserviertheit, Griesgrämigkeit und Prüderie; weil man Wohlstand als

Oben: Das Städtchen Graniteville, Vermont. In den Neuenglandstaaten schneit es oft schon im Herbst, und die Winter sind lang, kalt und schneereich, oft aber auch sehr sonnig.

Mitte: Herbst in den White Mountains von New Hampshire. Dieser höchste Gebirgszug Neuenglands erstreckt sich bis ins benachbarte Maine.

Unten: Waits River in Vermont. In den verträumten neuenglischen Dörfern mit ihren kleinen weißen Holzkirchen scheint die Zeit stehengeblieben zu sein.

Zeichen des Auserwähltseins deutete, strebte man ungeniert nach solchem und sah sich prompt zum Geizkragen stilisiert; weil mit den kargen Böden landwirtschaftlich kein Staat zu machen war, verlegte man sich früher als anderswo auf Handel, Handwerk, Gewerbe, Forstwirtschaft, Schiffsbau, Schiffahrt, Fisch- und Walfang, Industrieproduktion und High Tech; weil steuerliche Eingriffe und Handelsrestriktionen des Mutterlandes 1763 und danach die Wirtschaft Neuenglands besonders hart trafen, stellte man sich an die Spitze der Unabhängigkeitsbewegung; weil man sowieso kaum Sklaven besaß und mit dem internationalen Sklavenhandel nach dem Importstop von 1808 legal kein Geld mehr zu verdienen war, tat man sich leicht mit der Forderung nach Abschaffung der Sklaverei; und weil sich der Süden von einem Krieg gegen Mexiko (1846 – 1848) Land zur Ausweitung seiner «speziellen Institution», der Sklaverei, versprach, war Neuengland dagegen.

Bevölkerung Die Region wurde zunächst von weißen angelsächsischen Protestanten *(WASP)* besiedelt, die sich in Vermont, Maine und New Hampshire mit Frankokanadiern vermischten. Siedlungen entstanden innerhalb eines Rings um Boston, entlang der Küste und in den Tälern des Connecticut und des Merrimack River. In den 1840er Jahren kamen vom Hunger aus der Heimat vertriebene Iren, die sich im südlichen Neuengland niederließen und Rhode Island zum katholischsten Staat der USA machten. Ihnen drängten West- und Mitteleuropäer, Italiener, Portugiesen, Griechen, Polen, osteuropäische Juden, Armenier und Schwarze nach. Seit einigen Jahren registrieren die drei nördlichen Staaten der Region eine Invasion von Rentnern und Naturaposteln, die vom alternativen Leben träumen.

Wirtschaft Um 1830 waren rund 60 Prozent der Fläche Neuenglands gerodet und wurden, mehr schlecht als recht, landwirtschaftlich genutzt. Inzwischen bedeckt der Wald wieder über 80 Prozent des Bodens. Moderne Landwirtschaft läßt sich nur im Norden Maines (Kartoffeln) und in Teilen von Connecticut (Gemüse- und Tabakanbau) betreiben; Milch- und Weidewirtschaft finden sich in Vermont.

Das industrielle Neuengland ist in gewisser Hinsicht das Produkt von Kriegen. Seit der Revolutionszeit werden (oder wurden) in Städten wie Hartford (CONN), New Haven (CONN), Springfield (MASS), Groton (CONN),

Kittery (ME) und Portsmouth (NH) Revolver (Colt), Gewehre (Winchester) und andere Feuerwaffen sowie Präzisionsinstrumente, Kriegsschiffe und – seit dem Zweiten Weltkrieg – Unterseeboote hergestellt. Eine Textil- und Schuhindustrie von Weltrang entwickelte sich im 19. Jahrhundert am Merrimack River in den Städten Lowell (MASS), Lawrence (MASS), Nashua (NH) und Manchester (NH). Hartford wurde zur «Versicherungshauptstadt der Welt», weil Neuenglands vielfältiges Engagement auf den Weltmeeren einen Versicherungsmarkt schuf. Fisch und Holz liefern den Rohstoff für weitere wichtige Industriezweige.

Mit dem Ende des Ersten Weltkriegs begann für die Wirtschaft der Region eine lang-

Oben: Das Kanahwa Valley bei Charleston, West Virginia. Hier gründete einer der ersten Pioniere, George Clendenin, im Jahr 1794 eine Siedlung, die er nach seinem Vater Charles Town nannte. Heute ist Charleston die Hauptstadt des Bundesstaats und ein Zentrum des Kohleabbaus.

same, aber stetige Talfahrt. Schlüsselindustrien wanderten nach Süden in den «Sonnengürtel» ab, der Rüstungsindustrie machten gekürzte Verteidigungshaushalte und der Fischerei Fangquoten zu schaffen. Der von vielen prophezeite wirtschaftliche Zusammenbruch fand jedoch nicht statt – man hatte schließlich eine lange High-Tech-Tradition. Seit 1975 jedenfalls füllen sich die aufgelassenen Fabrikhallen um Boston, am Merrimack River und in Connecticut mit neuem Leben. Zu den Wachstumsbranchen zählt auch der Freizeit-, Sport- und Erholungstourismus.

Die Mittleren Atlantikstaaten

Geschichte Zwischen Neuengland und dem Süden bildeten sich Gemeinwesen, die weder theokratische Ambitionen hatten (wie die puritanischen) noch feudalistische (wie die sklavenhaltenden). Aus kolonialen Anfängen entwickelten sich die Bundesstaaten New York, New Jersey, Pennsylvania, Delaware und West Virginia. Zu dieser Gruppe zählen wir aus praktischen Gründen auch den District of Columbia, obwohl dieser seines rechtlichen Status wegen nicht ganz ins Bild paßt.

In holländischem Auftrag befuhr der Engländer Henry Hudson 1609 den Fluß, dem er seinen Namen gab, und begründete damit Gebietsansprüche der Niederlande. Auf der Insel Manhattan errichtete man 1626 Fort Neu Amsterdam, das zur Keimzelle einer Kolonie, Neu Niederlande, wurde. Eine britische Übermacht vereinnahmte die braven Holländer 1664 und taufte Kolonie samt Hauptstadt in New York um. Anschließend konfiszierte man gleich noch das Land zwischen Hudson und Delaware (1665), das *Nova Caesarea* (oder New Jersey) heißen sollte. Zuvor hatten Schweden, Finnen und Holländer 1638 am Delaware Fort Christina und die Kolonie Neu Schweden gegründet. Weil sich die Siedler ob des Besitzes in die Haare gerieten, fiel das Gebiet an Pennsylvania, ehe es 1701 zu Delaware verselbständigt wurde. Der Quäker William Penn schuf mit Pennsylvania 1682 eine Zufluchtstätte für seine in der Heimat ungeliebten Glaubensbrüder und -schwestern. Der District of Columbia entsprang einem Verfassungsauftrag, der die Schaffung eines außerbundesstaatlichen, vom amerikanischen Kongreß direkt verwalteten Regierungssitzes vorsah; 1793 wurde der Grundstein für die neue Hauptstadt Washington gelegt. West Virginia löste sich zu Beginn des Bürgerkriegs 1861 von Virginia und schlug sich auf die Seite des Nordens. 1863 wurde es Bundesstaat.

Bevölkerung Schon zur Gründerzeit herrschte in diesem Abschnitt der Ostküste Multikulturalismus, der getragen wurde von holländischen Gutsherren *(patroons)* am Hudson; anglikanischen, jüdischen, hugenottischen und calvinistischen Kaufleuten in New York;

mit einem selbsterzeugten Binnenmarkt – Rückgrat der regionalen Wirtschaft geblieben ist. Die erforderlichen billigen Arbeitskräfte lieferten – wie im Fall Neuenglands nach 1840 – die wirtschaftlichen und ideologischen Notstandsgebiete Europas und – Anfang dieses Jahrhunderts – der Süden der USA, aus dem über zwei Millionen Afroamerikaner zuwanderten. In jüngerer Zeit kamen hauptsächlich Puertoricaner, von denen 1980 allein in New York City über 800 000 gezählt wurden.

Industrialisierung hieß Urbanisierung. Zu Giganten entwickelten sich jene Orte, die über sichere Häfen verfügten und sich mit finanzierbarem Aufwand durch Wasserwege, Schienen und Straßen mit dem Inland verbinden

Puritanern auf Long Island und in New Jersey; Quäkerkaufleuten und -bauern in und um Philadelphia; deutschen Sektierern, die im pennsylvanischen Hinterland eine bis heute florierende Landwirtschaft aufbauten; protestantischen Iro-Schotten in den Appalachen; schwedischen und finnischen Händlern am Delaware; schwarzen Sklaven und Dienstboten sowie – einigen wenigen – Indianern. Pennsylvania war das erste größere Gemeinwesen seit dem Römischen Reich, das Menschen unterschiedlicher nationaler Herkunft und religiöser Überzeugung Gleichheit vor dem Gesetz garantierte.

Wirtschaft Noch 1782 hatte Thomas Jefferson von einem agrarischen Amerika geträumt, das seine Fertiggüter aus Europa beziehen und so von Fabriken und Städten mit ihren Problempotentialen verschont bleiben würde. Schnell kam jedoch die Erkenntnis, daß ein gewisses Maß an wirtschaftlicher Autonomie Voraussetzung für die politische Unabhängigkeit sei. Bei der Industrialisierung des Landes fiel den Mittleren Atlantikstaaten eine Führungsrolle zu. Kohle- und Erzvorkommen in den Appalachen verhalfen der Region zu Bergbau und Pennsylvania, New Jersey und New York zu einer bedeutenden Eisen- und Stahlindustrie; New York wurde außerdem zum Zentrum der amerikanischen Bekleidungsindustrie. Entlang der Küste, namentlich in Delaware, entwickelte sich eine Chemie- und Ölindustrie, die mit einer Schießpulverfabrik des Franzosen Du Pont angefangen hatte. Als die Nation mit der Besiedlung des Westens Ernst machte, fungierte die Region als Versorgungsbasis für Fertigprodukte aller Art. Gleichzeitig war man Umschlagplatz im Warenverkehr zwischen Europa und dem stetig wachsenden Landesinnern. Mit Häfen und einer leistungsfähigen Transport- und Verarbeitungsindustrie klinkte man sich erfolgreich auch in dieses Geschäft ein, das – zusammen

ließen: New York, Philadelphia und Baltimore. Washington wuchs, weil die Nation insgesamt ständig größer und damit auch das Geschäft des Regierens immer umfangreicher wurde. Bis 1800 galt Philadelphia als Metropole der Mittleren Atlantikstaaten und als heimliche Hauptstadt des Landes. Mit der Eröffnung des Eriekanals 1825 begann jedoch der Aufstieg New Yorks zur Megastadt, in deren Dunstkreis heute 18 Millionen Menschen leben.

An Problemen fehlt es der Region nicht. Sinkende Nachfrage bei Kohle und Stahl, Konkurrenzdruck von in- und ausländischen Billiganbietern, Abwanderung ganzer Unternehmen, antiquierte Produktionsanlagen und ein veraltetes Straßennetz beuteln die Wirtschaft. In den Großstädten sind Personennahverkehr, Versorgungs- und Entsorgungssysteme, Bausubstanzen, kommunale Einrichtungen und Dienste sanierungsbedürftig. Das nötige Geld ist nicht vorhanden, weil die steuerzahlenden Schichten sich in den Wohn- und Schlafstäd-

Mitte: Das Städtchen Harper's Ferry in West Virginia. Dieser US-Bundesstaat entstand erst 1863, als die Bewohner des westlichen Teils von Virginia sich im amerikanischen Bürgerkrieg gegen den Beitritt zur Konföderation aussprachen. Das landschaftlich reizvolle West Virginia wurde erst während der letzten Jahre als Ferienparadies entdeckt.

Links: Einsame Strände erwarten den Besucher an der Küste von Delaware, wie hier im Cape Henlopen State Park.

HERRENHÄUSER UND SKLAVENHÜTTEN

Das Plantagensystem des Südens

Von den vier Millionen Sklaven, die um 1850 in den USA lebten, arbeitete der überwiegende Teil auf Plantagen. Mit Hilfe dieser billigen Arbeitskräfte erwirtschafteten die Pflanzer vor allem mit der Baumwolle, dem «weißen Gold», märchenhafte Gewinne. Gesellschaft und Kultur des Südens wurden durch das Plantagensystem geprägt.

Wer kennt sie nicht, die «gute alte Zeit»! Für viele weiße Südstaatler liegt sie mehr als hundertfünfzig Jahre zurück und ist assoziiert mit Mondschein, Magnolien, schweren Düften einer subtropischen Landschaft und säulenbestückten Herrenhäusern, auf deren Terrassen edle Kavaliere schönen Damen den Hof machen – umsorgt und verhätschelt von einer Schar glücklicher und adrett gekleideter schwarzer Dienstboten. Diese romantisch-verklärte Sicht ist weitgehend das Werk eines berühmten Hollywoodfilms, in dem historische Realität gleichsam «vom Winde verweht» wurde.

Im Südosten der heutigen Vereinigten Staaten hatte sich schon zur Kolonialzeit das Plantagensystem entwickelt. Die ersten afrikanischen Sklaven wurden von einem holländischen Schiff 1619 in Jamestown, Virginia, angeliefert.

Die ersten großen Besitzungen entstanden am James River in Virginia. Einige davon sind erhalten geblieben und zu besichtigen. Etwa hundert Familien hatten in der Kolonie wirtschaftlich, politisch und gesellschaftlich das Sagen. Staatsmänner wie George Washington, Thomas Jefferson, George Mason und James Madison sind aus dem Regime hervorgegangen. Bis zur Revolutionszeit (1776) wurde aus diesen Anfängen ein Plantagengürtel, der von der Chesapeake Bay bis in die Küstenebene Georgias reichte. Im 19. Jahrhundert verlagerte sich der Baumwollanbau nach Südwesten und mit ihm auch das Plantagensystem. Dieses riesige Gebiet war freilich keineswegs homogen. Da gab es Kleinbauern – viele ohne Sklaven – in den mittleren und südlichen Appalachen. In den Tabakanbaugebieten von Maryland und Virginia waren Plantagen mit mehr als einem Dutzend Beschäftigter die Ausnahme. Großgrundbesitz mit vielen Sklaven war dagegen die Regel in den Reis- und Indigoanbaugebieten der Carolinas und im sogenannten Samtgürtel von Südwestgeorgia.

Vorbild für die Pflanzer war der britische Landadel. Feudalismus hielt man für ein Naturgesetz. Wer Land, Tabak, Knechte und Mägde besaß, hielt sich ganz selbstverständlich für eine gesellschaftliche Führungskraft. Man verstand sich als «natürliche Aristokraten» und das «schwarze Fußvolk» als «natürliche Sklaven». Der patriarchalische Pflanzer war für seine Untergebenen nicht nur «Vater», sondern auch Richter, Anwalt, Arzt und Buchhalter.

Die Verteidiger der Sklaverei beriefen sich auf das Alte Testament, die Genetik (Afrikaner als «Untermenschen»), das Klima und auf wirtschaftliche Notwendigkeiten. Unter den Zwängen dieses Systems entstand eine faszinierende Subkultur der Schwarzen, die letztlich eine Überlebenskultur war. Grundsätzlich waren die Sklaven in zwei Klassen aufgeteilt – die Feldarbeiter und die Hausdiener. Letztere waren durch «Familienanschluß» an die weiße Herrschaft privilegiert. Die Feldarbeiter lebten abseits vom Herrenhaus in Hütten, erhielten regelmäßig Zuteilungen von Nahrung und Kleidung und besaßen meistens einen kleinen Gemüsegarten und ein paar Hühner. Medizinisch wurden sie gut versorgt, denn ein kranker oder gar toter Sklave bedeutete Kapitalverlust. Ehen und Kinder waren gern gesehen, bedeutete dies doch für die Besitzer eine Vergrößerung des Kapitals. Auch wenn sich die meisten Sklavenhalter in «wohlwollendem Despotismus» übten – Despotismus war es allemal. Erst als 1863 die Sklaverei offiziell abgeschafft wurde, brach das System zusammen.

Friedrich W. Horlacher

Oben: Auf der Middleton Plantation bei Charleston, South Carolina. – Unten: Das Herrenhaus der 1613 gegründeten Shirley Plantation, eine der ältesten Plantagen Virginias: Außenansicht (links); Blick in das Kaminzimmer (rechts).

ten draußen vor den Toren eingenistet und das innerstädtische Terrain den Armen überlassen haben. Stadterneuerungsprogramme haben bislang allenfalls in Baltimore gegriffen. Krisenfest scheint nur die regionale Landwirtschaft, die sich darauf spezialisiert hat, die Megalopolis mit Brot, Milch, Obst und Gemüse zu versorgen. Symptome wirtschaftlichen und sozialen Siechtums sollten allerdings nicht den Blick verstellen für die Tatsache, daß von hier aus das Leben eines ganzen Subkontinents geplant, finanziert, versichert und kontrolliert wird.

Die Südstaaten

Geschichte Im Auftrag Walter Raleighs betraten im Juli 1584 Untertanen der englischen Königin Elisabeth I. ein transatlantisches Eiland (Roanoke Island, NC), nahmen von hier aus die Küste nach Norden über eine Länge von 1600 Seemeilen (etwa 3000 Kilometer) formal in Besitz und nannten das Gebiet nach ihrer jungfräulichen Königin *Virginia.* Logistische Pannen machten Raleighs Kolonie jedoch ein schnelles Ende. Als deren Gouverneur John White 1591 von einer Dienstreise in die Heimat nach Roanoke zurückkehrte, waren die Siedler verschwunden. Das Unternehmen ging denn auch als *Lost Colony* in die Geschichte ein.

Elisabeths Nachfolger, König James I., betraute 1606 zwei Aktiengesellschaften, die «Virginia Company of London» und jene «of Plymouth», mit der Kolonisierung des undefinierten Küstenstreifens. Erstere gründete 1607 Jamestown (im heutigen Virginia), das dann jahrelang vor sich hinsiechte; letztere brachte gleich gar nichts zustande. Konturen bekam das Besitztum erst, als es 1624 in eine Königliche Provinz umgewandelt und so der königlichen Verwaltung unterstellt wurde. In rascher Folge vergab die Krone Patente *(Charters)* zur Gründung von Virginia (1624), Maryland (1632), Carolina (1663) – das 1691 in ein *North* und ein *South* geteilt wurde – und Georgia (1732). Mit acht weiteren Kolonien verabschiedeten sich diese am 4. Juli 1776 von Seiner Britannischen Majestät, George III., und konstituierten sich als Staaten innerhalb der Vereinigten Staaten von Amerika.

Obwohl ihre Gründer zunächst durchaus divergierende Interessen vertraten, entwickelten die fünf Staaten eine gemeinsame Siedlungs-, Gesellschafts- und Wirtschaftsform. Ein expandierender Markt hatte den Anbau von Tabak, Indigo, Reis und Baumwolle nahegelegt – allesamt arbeitsintensiv und nur in Zonen mit langer Vegetationszeit möglich. Verfügbarkeit von Land animierte zur Mehrung des Grundbesitzes, Mangel an Arbeitskräften zum Import von Sklaven. Es entstand das Plantagensystem, durch das sich die südlichen Kolonien von allen anderen unterschieden.

Diese für die Mehrheit der Weißen heile Welt, in der jeder wußte, wo er stand oder zu stehen hatte, geriet 1861 mit dem Ausbruch des amerikanischen Bürgerkriegs aus den Fugen – ein Krieg, der für den Süden militärisch, gesellschaftlich und wirtschaftlich in der Katastrophe endete.

Bevölkerung Was der Kapitulation im April 1865 folgte, konnte nicht einmal die nun in die Freiheit entlassenen Sklaven freuen. Die regierenden Republikaner verordneten dem Süden ein Rückgliederungs- und Umerziehungsprogramm, *Reconstruction* genannt, das in der Hand von Militärs und radikalen Politikern zu einem Regime von Willkür, Mißtrauen, Korruption und Mißachtung von Bürgerrechten (jetzt der Weißen) geriet und den Nährboden für Terrorgruppen wie den Ku-Klux-Klan schuf. Die Abschaffung der Sklaverei bedeutete de facto das Aus für das Plantagensystem. Der wirtschaftliche Notstand traf besonders die Schwarzen, die nun ohne Schul- und Berufsbildung dem freien Wettbewerb ausgesetzt waren. Viele wanderten aus diesem Grund um die Jahrhundertwende in die Großstädte des Nordens ab.

Mit der sozialen Not wuchs im Süden auch der Groll der Weißen gegen die Schwarzen. An gesellschaftliche Gleichstellung, wie sie im Norden gepredigt wurde, hatte man ohnehin nie gedacht. Je näher das neue Jahrhundert rückte, desto heftiger wurde das Bedürfnis, den Schwarzen zu zeigen, wo im Süden ihr Platz sei. Sie wurden in ihrem Wahlrecht so lange beschnitten, bis sie keines mehr besaßen. Sogenannte «Jim-Crow-Gesetze» wurden erlassen, die die Rassentrennung in Schulen und anderen öffentlichen Einrichtungen, in Restaurants, im kirchlichen Leben usw. festschrieben – bis in die 1950er Jahre. Und wo Gesetze nicht auszureichen schienen, wurde mit Lynch-Gewalt nachgeholfen. Erst die von Martin Luther King angeführte Bürgerrechtsbewegung führte zur Abschaffung der Rassentrennung, zu mehr Rechten, zu mehr Selbstbestimmung der Afroamerikaner und zu einer für beide Seiten nützlichen Koexistenz. Das Problem des Rassismus wurde damit allerdings nicht ausgeräumt.

Wirtschaft Schon in den 1880er Jahren hatte Henry W. Grady, Redakteur der «Atlanta Constitution», einen «Neuen Süden» postuliert, der sich dem Norden gesellschaftlich und wirtschaftlich anzugleichen habe. Es bedurfte jedoch des totalen Zusammenbruchs des süd-

In Colonial Williamsburg, Virginia, dem «größten Museum der Welt», wurden an die hundertfünfzig Häuser aus der Kolonialzeit restauriert oder originalgetreu nachgebaut.

staatlichen Systems, ehe sich neue Strukturen entwickeln konnten. Diesen besorgte die Weltwirtschaftskrise in den dreißiger Jahren. Eingeleitet wurde die Umorientierung durch den *New Deal*, ein staatliches Konjunkturprogramm, mit dem Präsident Franklin D. Roosevelt der amerikanischen Wirtschaft wieder auf die Beine helfen wollte.

Unter dem Diktat dieser Ereignisse besann sich die lange auf Baumwolle konzentrierte Landwirtschaft auf Diversifikation und stellte um auf Erdnüsse, Tomaten, Trauben, Sojabohnen, Mais und Nutzholz sowie auf Rinder- und

Oben: Islamorada, das zu den Inseln der Florida Keys gehört, gilt als Eldorado der Hochseeangler. Im Bild der Bootsanlegesteg des »Cheeca Lodge Hotels«.

Unten links: Im »Cheeca Lodge Hotel«, der exklusivsten Unterkunft auf Islamorada, fällt die Entscheidung zwischen Swimmingpool und dem Meer schwer.

Geflügelmast. Der Zweite Weltkrieg, der Korea- und der Vietnamkrieg bescherten den Staaten an der Südostküste Bundeseinrichtungen, Truppenübungsplätze, Marinestützpunkte, Werften, Fliegerhorste sowie eine Flugzeug- und Nahrungsmittelindustrie. Amerikas Textilbranche richtete sich vom südlichen Virginia bis zum nördlichen Georgia entlang der Bundesautobahn I-85 ein. Im *Research Triangle* von Durham, Chapel Hill und Raleigh, NC, entstand das »Silicon Valley des Ostens«. Energieerzeugung, Chemie, Holzverarbeitung und Fahrzeugbau wurden zu wichtigen Erwerbszweigen. Und schließlich profitierten diese Staaten auch vom Sonnenhunger der amerikanischen Rentner und vom internationalen Freizeittourismus. Die historischen Stätten von Virginia, Maryland, South Carolina und Georgia, die Ferienorte in den südlichen Appalachen und Urlaubsträume wie Cape Hatteras in North Carolina oder die Golden Isles von Georgia können sich über mangelnde Besucher nicht gerade beklagen. Die Abwanderung aus dieser Region hat sich längst in eine Rückwanderung verkehrt – der Südosten zählt heute zu den Erfolgsstories der Vereinigten Staaten.

Florida

Geschichte Der spanische Eroberer Juan Ponce de León zog 1513 von Puerto Rico in nordwestlicher Richtung aus, um den sagenumwobenen Jungbrunnen zu entdecken. Am 8. April fand er das von ihm so benannte Florida, das er für eine Insel hielt. Mit dem Brunnen der ewigen Jugend war's nichts, wie ihm gewissenhaft entnommene Wasserproben und ein Blick in den Spiegel immer wieder bewiesen. Als einen schlechten Ersatz mag man seinen Fund im nachhinein freilich auch nicht bezeichnen, denn Rentner kommen inzwischen zu Hunderttausenden hierher, offenbar weil es sich leichter und länger lebt.

Der Möchtegern-Imperator Pánfilo de Narvaéz (1528) und – elf Jahre später – der goldsuchende Hernando de Soto definierten mit ihren Eroberungsfeldzügen die Grenzen dieser neuen spanischen Immobilie. Die eigentliche Kolonisierung Floridas begann allerdings erst 1565 mit dem Bau der Festung St. Augustine. Von hier aus geltend gemachte Gebietsansprüche Spaniens nach Norden reichten zuweilen bis zur Chesapeake Bay. Diese erledigten sich spätestens 1763, als Florida an die

im Siebenjährigen Krieg siegreichen Briten fiel und mit dem St. Mary's River seine endgültige Nordgrenze erhielt. Die aus der Revolution von 1776 hervorgegangenen Vereinigten Staaten hatten zunächst keine Verwendung für die Halbinsel und gaben sie 1783 an Spanien zurück. 1819 handelte man sie den Iberiern aber dann doch ab und machte das Besitztum 1845 zum 27. Bundesstaat der Union.

Bevölkerung Spanisch war die erste europäische Sprache in Florida, spanisch die erste Stadt (St. Augustine), und immer noch spanisch sind ungezählte Ortsnamen. Angesichts des in den 1960er Jahren einsetzenden Zustroms von Latinos aus Mexiko, Mittelamerika und Kuba mögen mancherorts Ängste einer Rekolonisierung der Halbinsel durch spanischsprechende Eindringlinge keimen.

Dagegen sprechen ein beträchtlicher afroamerikanischer Bevölkerungsanteil, der in Miami rund 15 Prozent ausmacht, und die große Wanderbewegung aus dem Norden in den «Sonnengürtel», vor allem nach Florida. Ruheständler zieht es seit Jahrzehnten hierher, die Jugend folgte, da die Bevölkerungsexplosion auch neue Arbeitsplätze schuf. Dazu kommt eine stetig wachsende internationale Freizeitgesellschaft, die von Floridas traumhaften Stränden, Küsten, Inseln, Sümpfen und Seen, seiner exotischen Pflanzen- und Tierwelt, seinen Vergnügungsparks (Disney World, Epcot Center usw.) und seinem Raumfahrtzentrum (Kennedy Space Center) angelockt wird.

Wirtschaft Wachsender Wohlstand anderwärts machte den Boom möglich, der an der Atlantikküste eine von Coral Gables bis Palm Beach reichende Ferien-Megalopolis und an der Golfküste den Ballungsraum St. Petersburg-Tampa hat entstehen lassen. Aber wo es boomt, gibt es bekanntlich auch Probleme. Kriminalität heißt eines, Wachstum ein anderes, denn der Bau neuer Wohnanlagen, Hotels und Freizeiteinrichtungen bedeutet allemal Zerstörung eines Stückchens des subtropischen Paradieses, dessentwegen die Massen ja strömen, oder Beschädigung sensibler Ökosysteme wie zum Beispiel das der Everglades. Diese Gefahren drohen freilich auch von Floridas expandierender Agrarwirtschaft und deren Satellitenindustrien, die – zum Teil marktführend – den Rest der Nation und Kanada mit Zitrusfrüchten, Rohrzucker und Gemüse samt den daraus hergestellten Säften, Konserven und Extrakten versorgen.

Unten rechts: Showeinlage am Pier von Clearwater Beach nördlich von St. Petersburg. Daß der «ewige Sonnenschein» Floridas keine Erfindung der Werbetexter ist, beweisen die Statistiken: So schien etwa vom 9. Februar 1967 bis zum 17. März 1968 in St. Petersburg jeden Tag die Sonne, und es regnete nicht ein einziges Mal.

Fortsetzung Seite 143

DIE CAROLINAS UND GEORGIA

Ich habe einen Traum, daß eines Tages diese Nation sich erheben wird und der wahren Bedeutung ihres Credos gemäß leben wird. Wir halten diese Wahrheit für selbstverständlich: daß alle Menschen gleich geschaffen sind. Ich habe einen Traum, daß eines Tages auf den roten Hügeln von Georgia die Söhne früherer Sklaven und die Söhne früherer Sklavenhalter miteinander am Tisch der Brüderlichkeit sitzen können … Ich habe einen Traum, daß meine vier kleinen Kinder eines Tages in einer Nation leben werden, die sie nicht nach ihrer Hautfarbe … beurteilen wird.

Martin Luther King, 1963

◁ GEORGIA

Linke Seite: Im Museumsdorf Agrirama bei Tifton im Süden Georgias scheint die Zeit um die Jahrhundertwende stehengeblieben zu sein.

Rechte Seite: Gruppenbild in Gewändern aus der Zeit des Bürgerkriegs (1861–1865) auf dem Civil War Reenactment in Rome.

BAUMWOLLE *Baumwollfeld bei Conway, North Carolina. Auch wenn Baumwolle wirtschaftlich nicht mehr so bedeutend ist wie vor dem Bürgerkrieg, als die von Sklaven bearbeiteten Felder den Plantagenbesitzern hohe Gewinne einbrachten, ist sie doch noch immer ein wichtiges Exportgut.*

NORTH CAROLINA

Alte Tankstelle bei Jackson in North Carolina. Lange galt dieser einst stark agrarisch orientierte Staat als wirtschaftlich rückständig, was ihm den Beinamen »Irland Amerikas« einbrachte. Inzwischen ist es gerade die unberührte Landschaft, die immer mehr Touristen anzieht.

OKEFENOKEE-SÜMPFE

Im Reich der Alligatoren: Die 1700 Quadratkilometer großen Okefenokee-Sümpfe im Grenzgebiet zwischen Georgia und Florida bilden ein Rückzugsgebiet für über zehntausend Alligatoren, mehr als hundertfünfzig Schwarzbären und bis zu zwanzigtausend Vögel.

FRANCIS BEIDLER FOREST *Eine Bootsfahrt durch den Francis Beidler Forest ist eine Begegnung mit der ebenso geheimnisvollen wie faszinierenden Welt der Sümpfe South Carolinas. Den sensiblen Ökosystemen droht heute durch die Umweltverschmutzung große Gefahr.*

CHARLESTON *Kolonialvillen aus dem 18. und 19. Jahrhundert bestimmen das Bild von Charleston, der »Perle des Südens«. Die alte Hafenstadt in South Carolina ist ein architektonisches Kleinod; ihr Besuch gehört zu den Höhepunkten jeder Reise entlang der amerikanischen Ostküste.*

SAVANNAH *In den Südstaaten legt man besonderen Wert auf Stil und Tradition, wie dieser stolz präsentierte Wohnraum in Savannah, Georgia, zeigt.*

ATLANTA *Underground Atlanta, ein unterirdisches Einkaufs- und Vergnügungszentrum, ist eine der vielen Attraktionen von Georgias Hauptstadt, dem Austragungsort der Olympischen Sommerspiele 1996.*

JAMES ISLAND *Wer nach Charleston reist, wird nicht nur von der Stadt, sondern auch von ihrer Umgebung begeistert sein: Salzwassermarschen und zahlreiche Inseln, die über Straßen mit Charleston verbunden sind, laden zu Ausflügen ein. Im Bild ein Fischrestaurant auf James Island.*

JEKYLL ISLAND *Prachtvolle Villen und paradiesische Strände – die Ferieninsel Jekyll Island vor Georgias Küste war lange Zeit bevorzugtes Sommerdomizil der reichsten Männer der Welt: Hier lebten Magnaten wie etwa William Rockefeller, Joseph Pulitzer, Charles Goodyear und William Vanderbilt.*

SAVANNAH *Savannah, mit seiner Gründung 1733 die älteste Stadt Georgias, ist eine der architektonisch schönsten Städte Amerikas. Neben den vielen Antebellum-Villen sind es vor allem die Parks und Gärten, die Savannah sein unverwechselbares Flair verleihen. Im Bild der Forsyth Park.*

ST. SIMONS ISLAND *Die Christ Church auf St. Simons Island. Obwohl diese Insel vor Georgias Küste mit Hotels, Restaurants und Geschäften touristisch erschlossen wurde, bieten große Eichenwälder, einsame Salzwassermarschen und endlose Sandstrände ein einmaliges Naturerlebnis.*

Blick aus dem 72stöckigen «Westin Peachtree Hotel» auf Atlanta, das Wirtschaftszentrum des Neuen Südens: Über 80 Prozent der fünfhundert größten Industriekonzerne der USA haben Niederlassungen in dieser von avantgardistischen Wolkenkratzern geprägten Stadt.

ATLANTA ▷

Sehenswerte Orte und Landschaften von A bis Z

Für die folgenden Stichpunkte konnten nur die wichtigsten Orte und Landschaften ausgewählt werden. Am Ende der Kapitel werden auch Sehenswürdigkeiten des umliegenden Landesteils beschrieben. Die Abkürzungen in Klammern bezeichnen die jeweiligen Bundesstaaten.

Adirondack Mountains (NY) Die Reise dorthin führt von New York City den Hudson River hinauf an Tarrytown und den Catskill Mountains vorbei – beiden wurde von Washington Irving in seiner berühmten Erzählung «Rip Van Winkle» (1820) ein Denkmal gesetzt – nach Albany, der Hauptstadt des Staats New York, und nach *Saratoga Springs*. Letzteres entstand im 19. Jahrhundert und entwickelte sich zu einem mondänen Kur- und Badeort sowie zu einem Zentrum des Galoppsports. Das seenreiche *Adirondacks Forest Preserve* ist ein Naturschutzgebiet, in dem sich Rotwild, Bären und Biber tummeln. Zum Wintersport lädt die Olympiastadt Lake Placid ein.

Annapolis (MD) Der 1649 gegründete Ort wurde Ende des 17. Jahrhunderts Hauptstadt des Staats Maryland. 1783/84 tagte hier der amerikanische Kongreß. Das *State House* (Regierungs- und Parlamentssitz), zwischen 1772 und 1779 erbaut, ist das älteste noch genutzte seiner Art in den USA. Weitere Sehenswürdigkeiten sind das *Hammond-Harwood House* (1774) und die *Old Treasury* (etwa 1735).

Atlanta (GA) Aus einem Eisenbahnknotenpunkt mit dem schlichten Namen Terminus entwickelte sich (das 1845 so getaufte) Atlanta, seit 1867 Hauptstadt von Georgia. Im Bürgerkrieg fast völlig zerstört, präsentiert sich die Stadt heute als aufsteigende Südstaatenmetropole und «Tor des Südens». Unbestritten sind ihre internationale Bedeutung für den zivilen Luftverkehr, ihre Führungsrolle in der Wirtschaft der ganzen Region und ihre Weltoffenheit, die sich unter anderem in ihrer avantgardistischen Wolkenkratzer-Architektur zeigt. An ihre Vergangenheit als Eisenbahnsiedlung erinnert *Underground Atlanta:* Der ehemalige zentrale Bahnhof der Stadt wurde zu einem attraktiven Einkaufs-, Amüsier- und Museumsviertel (Atlanta Heritage Row). Gleich um die Ecke macht *The World of Coca-Cola* darauf aufmerksam, daß das erfolgreichste Getränk aller Zeiten in Atlanta erfunden wurde. Die Schrecken der «Schlacht um Atlanta» im amerikanischen Bürgerkrieg können im *Cyclorama* nachempfunden werden. Die *Auburn Avenue*, wo Martin Luther King geboren wurde und später auch predigte, gestattet einen Blick auf das «andere», das schwarze Atlanta. Lohnende Ziele außerhalb der Stadt sind der *Stone Mountain*, ein Geschichts- und Erlebnispark; *Etowah* mit seinen indianischen Erdpyramiden; das Goldsucherstädtchen *Dahlonega* und *Athens* mit seinen schönen alten Häusern und der University of Georgia.

Atlantic City (NJ) Die Atlantikküste New Jerseys ist mit ihren 204 Kilometern angeblich der längste weiße Sandstrand in den Vereinigten Staaten. Atlantic City zählt mit seinen dreißig Millionen Besuchern im Jahr, seiner zehn Kilometer langen Strandpromenade und der jährlichen Miss-America-Wahl zu den bekanntesten Seebädern der Ostküste. Seit es hier Spielkasinos gibt (1976), spricht man vom «Las Vegas des Ostens». Bedeutende Seebäder New Jerseys sind ferner Cape May (das älteste im Staat), Asbury Park und Sandy Hook.

Baltimore (MD) Die 1632 gegründete Ostküstenmetropole ist eine der ältesten Städte der USA – mit einem international bedeutenden Seehafen. 1830 nahm die erste amerikanische Bahnlinie ins Innere des Landes *(The Baltimore & Ohio)* in Baltimore ihren Betrieb auf, und die Stadt entwickelte sich zu einem Industrie- und Handelszentrum. Hier etablierte sich auch die Johns Hopkins University als Hochschule von Weltrang. Heute ist Baltimore Teil der Megalopolis. In den letzten dreißig Jahren hat es sich mit einem vielbeachteten Stadterneuerungsprogramm ein neues Gesicht gegeben. Besuchern bietet die Stadt viele historische Gebäude und Plätze, alte Kirchen, erstklassige Museen und Galerien sowie ein reichhaltiges Kulturprogramm. Das meiste erschließt sich über drei innerstädtische Schwerpunkte: Mount Vernon Place Area, Downtown Area und Inner Harbor. Im Süden der Stadt liegt das Fort McHenry National Monument. Die dort wehende Nationalflagge inspirierte Francis Scott Key 1814 zu einem Gedicht, das später zum Text der amerikanischen Nationalhymne wurde.

Bath (ME) Schmucke alte Häuser zeugen vom früheren Wohlstand der Stadt. Dieser beruhte auf Schiffbau und auf Handel mit den Westindischen Inseln. Die heutigen Schiffbauer, die Bath Iron Works, leiden unter der schleppenden Nachfrage für Kriegsschiffe. In einer alten Schiffswerft ist ein Schiffahrtsmuseum untergebracht, das Maine Maritime Museum. Der Hafenvorort *Boothbay Harbor* lockt mit Wassersportmöglichkeiten und landschaftlichen Reizen, der Ort *Damariscotta* mit einem schönen historischen Stadtkern. Dank eines populären Gemäldes von Edward Hopper ist der *Leuchtturm von Pemaquid Point* einer der bekanntesten der amerikanischen Ostküste.

Oben: Skulptur in Downtown Atlanta. Mit dem Slogan «Forward Atlanta» hat sich die Hauptstadt Georgias zum wirtschaftlichen Zentrum der Südstaaten emporgearbeitet.

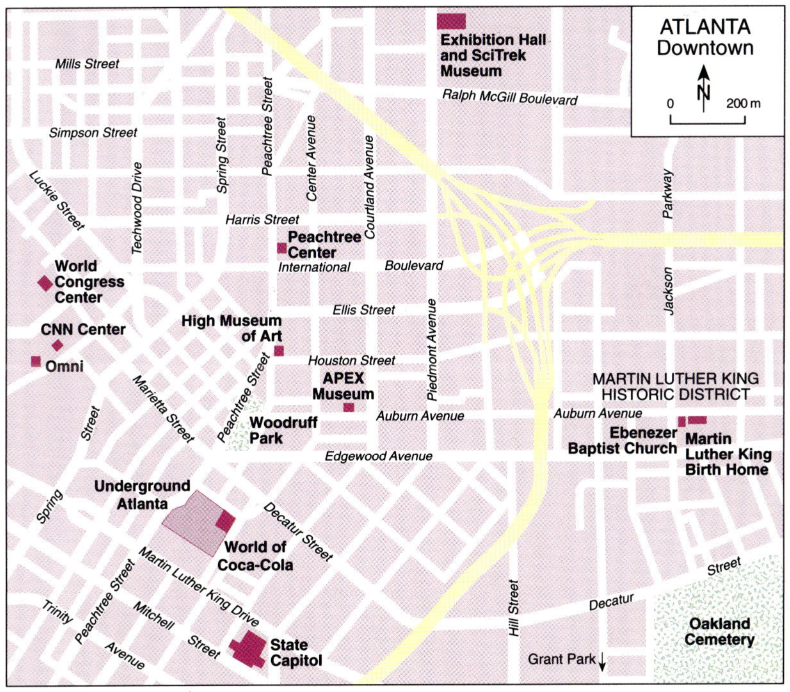

Baxter State Park (ME) Der über 80 000 Hektar große Naturpark liegt im nördlichen Zentrum von Maine. Mittelpunkt ist der *Mount Katahdin*, mit über 1600 Höhenmetern der höchste Berg des Staats. Sein felsiger Gipfel ist im Sommer ein beliebtes Ziel von Kletter-

Oben: Südlich von Charlottesville, Virginia, liegt Monticello, der berühmte Landsitz von Thomas Jefferson, der als eine der herausragenden architektonischen Sehenswürdigkeiten der USA gilt. Die klassizistische Residenz entstand ausschließlich nach den Entwürfen des vielseitigen Staatsmanns.

Unten: Das 1668 erbaute «Haus mit den sieben Giebeln» in Salem, Massachusetts, wurde zum Vorbild für den gleichnamigen Roman von Nathaniel Hawthorne, dem berühmtesten Sohn der Stadt.

freunden. In den Mischwäldern, die sich in der Herbstsonne in ein Meer von Farben verwandeln, und an den Moorseen tummeln sich Elche. Den Park erschließt ein fast 300 Kilometer langes Netz von Wanderwegen. Hier befindet sich auch – vorläufig – das nördliche Ende des Appalachian Trail, der in Georgia beginnt. Eine Weiterführung des berühmten Wanderwegs bis in die kanadische Provinz Québec ist für das Jahr 2000 geplant.

Beckley (WVA) Das Städtchen trägt den Titel «Welthauptstadt der raucharmen Kohle». Schon 1774 entdeckte man hier den Brennstoff, mit dem Abbau wurde erst 1890 begonnen. Heute spielen Handel und Tourismus für Beckley die größere Rolle: Grandiose Landschaften wie die New River Gorge oder die Horseshoe Bend, ein Skigebiet und Paradies für Wildwasser-Rafting ziehen immer mehr Besucher an. Über den Bergbau der Region informiert das Museumsbergwerk Beckley Exhibition Coal Mine.

Boston (MASS) Der 1630 von Puritanern gegründete Ort ist die älteste *Big City* der USA und Hauptstadt des Bundesstaats Massachusetts. Kaum eine Stadt ist so eng mit der Geschichte des Landes verbunden wie Boston – so gilt die «Boston Tea Party» als Markstein auf dem Weg zur Unabhängigkeit.

Als Industriestadt hat es an Bedeutung verloren; Banken, Versicherungen und andere Dienstleistungen spielen derzeit eine größere Rolle für die Wirtschaft der Stadt, in deren Großraum heute rund 750 000 Menschen leben. Jenseits des Charles River in Cambridge liegen zwei von Amerikas Eliteuniversitäten: Harvard und das Massachusetts Institute of Technology. Die Stadt entstand um einen großen Park, den *Boston Common*, an den sich der *Public Garden* anschließt. Die Beacon Street und die Commonwealth Street westlich des Parks gelten als vornehme Wohnadressen, die feinsten Geschäfte finden sich in der Newbury Street. In westlicher Richtung liegen die *Trinity Church* und der 241 Meter hohe *John Hancock Tower*, der den besten Ausblick über Boston bietet. Touristisch von Interesse ist vor allem der historische Kern der Stadt mit dem *State House* von 1798 und dem Hafen. Die meisten Sehenswürdigkeiten erschließen sich durch den *Freedom Trail*, einen rot gekennzeichneten Pfad, der sich fünf Kilometer durch die Innenstadt schlängelt. Das bedeutendste Kunstmuseum Bostons ist das *Museum of Fine*

Arts. Lohnende Ziele in der Umgebung sind die Städte Concord (siehe auch Seite 49), Lexington und Salem.

Burlington (VT) Mit vierzigtausend Einwohnern ist Burlington die größte Stadt Vermonts und Sitz der Staatsuniversität. Seine verkehrsgünstige Lage am Lake Champlain machte es schon im späten 18. Jahrhundert zu einem Wirtschaftszentrum. Ein nachgebauter Raddampfer lädt zu nostalgischen Fahrten ein, auf denen der Kapitän viel zu Geographie und Geschichte der Gegend erzählt. Das etwas außerhalb gelegene *Shelburne Museum* sammelt Erinnerungsstücke aus der Vergangenheit des Landes. Dazu gehört ein Museumsdorf mit 37 historischen Häusern.

Chapel Hill (NC) Die charmante kleine Stadt ist Sitz der ältesten Staatsuniversität der USA, der University of North Carolina. Nicht weit entfernt liegen Durham und die Hauptstadt von North Carolina, Raleigh. Durham wurde durch den «Tabakbaron» Washington Duke zum Zentrum der Zigarettenindustrie und ist Sitz der Duke University, die sich als

«Harvard des Südens» versteht; in Raleigh ist die North Carolina State University zu Hause. Zwischen den drei Städten entstand ein Technologie-Park, der *Research Triangle Park*, der als «Silicon Valley des Ostens» gilt.

Charleston (SC) Prächtige Antebellum-Villen und alte Kirchen, historische Stätten, ornamentale schmiedeeiserne Tore, ganz «unamerikanische» Straßen mit Kurven und Biegungen, paradiesische Gärten und Parks prägen das Bild der eleganten Stadt. Der Hafen, Reis und Indigo hatten ihr im 18. Jahrhundert zu großem Reichtum verholfen. Gegründet worden war sie 1670 von Anthony Ashley Cooper, Earl of Shaftesbury, der – einmalig in den USA – in seiner Kolonie feudalistische Verhältnisse schuf – mit Herzögen, Baronen und Landgrafen als Großgrundbesitzer. Deren Herrschaft war nach fünfzig Jahren zu Ende, aber vom aristokratischen Habitus ist etwas geblieben. Denn noch lange flüchteten hierher im Sommer Plantagenbesitzer und ihre Familien vor Stechmücken und Malaria. Nicht nur in Amerika galt Charleston als Stadt des Wohlstands und der Muße. Ein ausgeschilderter Rundweg erschließt die Schönheit der «heimlichen Hauptstadt South Carolinas». Von besonderem touristischen Interesse in und um Charleston sind Charles Towne Landing, Fort Sumter, Magnolia Plantation and Gardens, Middleton Place Garden und Cypress Gardens.

Charlottesville (VA) Die 1762 gegründete Stadt ist Sitz der University of Virginia. Erbauer und erster Rektor der Hochschule (gegründet 1819) war Thomas Jefferson, Verfasser der Unabhängigkeitserklärung und dritter Präsident der Vereinigten Staaten. Die Rotunde des Hauptgebäudes ist dem römischen Pantheon nachempfunden. Im Westflügel findet sich das restaurierte Zimmer des als Student nicht sehr erfolgreichen Edgar Allan Poe. Im Südosten von Charlottesville liegen *Ash Lawn*, das Gut des fünften Präsidenten der USA, James Monroe, und *Monticello*, der höchst sehenswerte Landsitz Jeffersons, der nach den Entwürfen des genialen Hausherrn gebaut und gestaltet wurde. Jefferson lebte und arbeitete hier zwischen 1770 und seinem Tod 1826.

Edenton (NC) Das am Chowan River gelegene Städtchen wurde 1658 gegründet und ist so eine der ältesten Niederlassungen North Carolinas. Mit einer Reihe von Bauten aus dem 18. Jahrhundert hat sich *Historic Edenton* etwas vom Charme des Alten Südens bewahrt. Sehenswürdigkeiten in der Umgebung des Städtchens sind das *Newbold-White House*, der älteste Bau im ganzen Staat (etwa 1680); die *Somerset Place Historic Site*, einst eine der größten Reisplantagen der Region, sowie der Naturpark *Merchant's Millpond State Park*.

Florida Keys (FLA) Die Inselkette vor der Südküste Floridas besticht durch ihr karibisches Flair, das in Key West besonders ausgeprägt ist. Der *Overseas Highway* von Miami nach Key West, der die Inseln miteinander verbindet, eröffnet immer wieder hinreißende Ausblicke auf eine subtropische Märchenwelt mit einem in allen Blautönen strahlenden Meer, Lagunen, Sandstränden, Mangrovenwäldern, Palmen und Pelikanen. Die Korallenbänke des *John Pennekamp Coral Reef State Park* sind nicht nur für Taucher und Schnorchler ein Paradies, sondern auch der Höhepunkt von Ausflügen mit Glasbodenbooten ab Key Largo. Zu den Sehenswürdigkeiten von Key West zählen das *Audubon House* – hier lebte eine Zeitlang der malende Ornithologe John James Audubon – und das *Hemingway House*.

Oben: Militärparade vor der alten Zitadelle in Charleston, South Carolina. Nachdem 1822 in der Stadt der Plan eines Aufstands des ehemaligen Sklaven Denmark Vesey entdeckt worden war, wurde sie als Sitz einer Garnison errichtet.

Unten: Das Geburtshaus von George Washington auf der Wakefield Plantation in Virginia.

Blick auf die Golden Isles. Einige der paradiesischen Inseln vor der Küste Georgias wurden inzwischen für den Tourismus erschlossen, andere sind als Naturschutzgebiete ausgewiesen.

Fredericksburg (VA) Für viele US-Amerikaner ist Fredericksburg eine nationale Kultstätte. Hier verbrachte George Washington viele Jahre seiner Kindheit. In der *Rising Sun Tavern*, heute ein Museum, debattierten im Vorfeld der amerikanischen Revolution Thomas Jefferson, Patrick Henry, George Washington und Henry Lee über die Strategie gegen die Kolonialmacht. Es wurde sogar eine Resolution verabschiedet, in der man seine Unabhängigkeit vom Mutterland proklamierte. Im Bürgerkrieg fanden um Fredericksburg, das auf halbem Weg zwischen Richmond und Washington liegt, vier der grausamsten Schlachten statt. Zum Geburtshaus von Mary Washington, der Mutter des Präsidenten, und anderen Sehenswürdigkeiten der Stadt führt ein ausgewiesener Rundweg. An die Schlachten erinnern National Military Parks.

Golden Isles of Georgia (GA) Die Küste Georgias wird von einer Inselkette geschützt, der spanische Kolonisatoren im 16. Jahrhundert den Namen «Die goldenen Inseln von Guale» gaben. Heute kennt man sie auch als Barrier Islands oder Sea Islands. Tybee, St. Simons, Sea Island und Jekyll Island sind vom Festland über Brücken zu erreichen; Sapelo, St. Catherine, Little St. Simons und Blackbeard nur mit Fähren. Hier entstanden die ersten Reis- und Baumwollplantagen Georgias. Ende des 19. Jahrhunderts wurden die Inseln zur Spielwiese der Superreichen Amerikas, die sich dort exklusive Villen errichten ließen und den elitären «Jekyll Island Club» gründeten. Touristisch zugänglich wurden sie erst in den 1950er Jahren. Wasserläufe, Marschen, fruchtbare Böden und ein subtropisches Klima sorgen für eine Fauna und Flora von hinreißender Schönheit und Vielfalt: Magnolien, Palmen, Kiefern, mit Bartflechten behangene Eichen, im gleißenden Licht wogende Gräser und weiße Sandstrände, die von Treibhölzern in surrealistische Skulpturengärten verwandelt worden sind, bilden die Kulisse eines Fisch-, Wild- und Vogelparadieses. Einblicke in die Geschichte bietet das *Fort Frederica National Monument* auf St. Simons.

Green Mountains (VT) Die grünen Berge *(verts monts)* verhalfen Vermont zu seinem «französischen» Namen. Ein ideales Wander- und Erholungsgebiet ist der *Green Mountain National Forest*. Wintersportzentren sind Stowe, Woodstock und Rutland. Granitbrüche sind in Barre zu besichtigen; Marmorbrüche in Rutland. Das *Norman Rockwell Museum* in Stockbridge erinnert an den Illustrator, Karikaturisten und Maler (1894–1978), der sein Werk dem Leben in der Kleinstadt widmete.

Hartford (CONN) Zu den Sehenswürdigkeiten der Hauptstadt von Connecticut zählt das viktorianische *Mark Twain House*, das sich der berühmte Schriftsteller ganz nach eigenen Vorstellungen hatte bauen lassen und das er zwi-

schen 1874 und 1891 bewohnte. Im *Wadsworth Atheneum* sind Skulpturen, Gemälde, Porzellan, Silber und Möbel aus verschiedenen Epochen zu bewundern. Die Sammlung wird zu den zehn besten der USA gerechnet. Eine ausgezeichnete Ausstellung über in Hartford hergestellte historische Handfeuerwaffen, The Colt Collection of Firearms, findet man in der *State Library*. Im Süden der Stadt liegt *Wethersfield*, in dessen historischem Viertel noch über hundert Häuser aus dem 18. Jahrhundert erhalten sind.

Hilton Head Island (SC) Die größte Küsteninsel zwischen New Jersey und Florida ist heute eines der bekanntesten Urlaubsziele South Carolinas. Die Entwicklung dahin begann in den 1950er Jahren, als das Eiland durch eine Brücke mit dem Festland verbunden wurde. Tenniscracks, Golfer, Angler und Sonnenanbeter finden hier ganzjährig schier unbegrenzte Möglichkeiten der Entfaltung.

Hopewell Furnace National Historic Site (PA) Die frühindustrielle Ansiedlung befindet sich 25 Kilometer südöstlich von Reading. Sie war um einen mit Holzkohle befeuerten Schmelzofen entstanden, in dem zwischen 1771 und 1883 Roheisen gewonnen wurde. Erz und Holzkohle kamen aus der Umgebung, die heute als *French Creek State Park* geschützt ist. Hopewell Furnace wird vom National Park Service betreut, der die Baulichkeiten und ihre Einrichtungen restauriert hat. Ein Rundgang vermittelt einen Einblick in frühindustrielle Technologie und Kultur. Ein paar Kilometer südlich davon liegt der landschaftlich reizvolle *Valley Forge National Historical Park*. Hier überwinterte George Washingtons ausgehungerte, schlechtgekleidete und unzureichend bewaffnete Revolutionsarmee 1777/78 unter härtesten Bedingungen.

Kennedy Space Center (FLA) Am 8. Juli 1947 wurde auf Cape Canaveral ein Raketentestgelände eingerichtet, das man zunächst nur militärisch nutzte. Zum zivilen Raumfahrtzentrum wurde die Einrichtung 1958, nachdem die Sowjetunion den USA den «Sputnik-Schock» verpaßt und der Wettlauf um die Vormachtstellung im All begonnen hatte. Der geplante große «Weltraumbahnhof» ist daraus bislang allerdings nicht geworden, weil Geld immer knapper wurde, der Mond sich als ein relativ sprödes Forschungsobjekt erwies und die Explosion der Raumfähre Challenger im Januar 1986 viele hochfliegende Pläne zerstörte. Trotzdem – der Raketenparkplatz vermittelt selbst dem technischen Laien einen faszinierenden Einblick in die Entwicklung der Raumfahrt. In unmittelbarer Nähe des Kennedy Space Center befinden sich zwei Naturschutzgebiete, das *Merritt Island National Wildlife Refuge* und die *Cape Canaveral National Seashore*.

Lancaster (PA) In und um Lancaster siedelten im 18. Jahrhundert deutsche Mennoniten, die sich selbst «Amische» *(Amish)* nannten und ansonsten als *Pennsylvania Dutch* bezeichnet werden. Trotz ihrer religionsbedingten Technologiefeindlichkeit bauten sie eine funktionierende Landwirtschaft auf, die heute noch floriert. Die traditionelle Lebensweise der Amish stellt eine Besonderheit an der Ostküste dar. Um sie kennenzulernen, sollte man sich auf die Landstraßen abseits der Autobahnen begeben oder eine der in Lancaster angebotenen Rundfahrten ins Amish Country mitmachen. Lancaster selbst ist reich an Sehenswürdigkeiten, die ein geführter Stadtrundgang, die *Historic Lancaster Walking Tour*, eindrucksvoll erschließt.

Lowell (MASS) Das Städtchen im äußersten Nordosten des Staats wurde nach dem Kaufmann Francis Cabot Lowell benannt, der 1811 mit Plänen für einen mechanischen Webstuhl aus England kam. Wasserkraft zur Energiegewinnung und die Kanalisierung des Charles River schufen die Voraussetzungen für die Entwicklung zum Industriestandort. Hier entstanden die ersten und größten Textilfabriken des Kontinents, in denen Baumwolle aus den Südstaaten verarbeitet wurde. Die Tuchmacher sind längst verschwunden, aber ihre leerstehenden Fabrikhallen werden allmählich wieder von anderen Industrien genutzt. Eindrucksvolle Zeugnisse der frühen Industriekultur finden sich im *Lowell National Historic and Heritage State Park*.

Im Rocket Garden des Kennedy Space Center, Florida, kann man maßstabgetreue Raketen-Modelle aus der Nähe bewundern. Eine Bustour führt zu den nur wenige Kilometer entfernten Originalen und ihren Abschußrampen auf Cape Canaveral.

Im Jahr 1857 wurde mit der Anlage des Central Park begonnen, der von den New Yorkern über alles geliebten grünen Oase Manhattans.

Oben: Die Bronzefigur von «Alice im Wunderland» ist bei den Kindern besonders beliebt.

Unten: Nur die Gebäude der 59th Street im Hintergrund lassen ahnen, daß dieser malerische Teich mitten in New York liegt. Die friedliche Idylle um «The Pond» findet sich direkt am südöstlichen Ende der Grünanlage.

Miami (FLA) Das ehemalige Fischerdorf schickt sich an, das Image einer hässlichen Großstadt mit abstoßender Skyline und überdurchschnittlicher Kriminalität abzuschütteln und sich zu einer attraktiven Weltstadt mit avantgardistischer Architektur zu mausern. Sieht man von Ausnahmen wie der *Villa Vizcaya* ab, ein im Stil der italienischen Renaissance gehaltener Prachtbau, ist Historisches oder Klassizistisches rar – in der gerade mal hundert Jahre alten Stadt hat die Moderne das Sagen. In amerikanischen Finanzkreisen wird sie zunehmend geschätzt als neues Wirtschaftszentrum, in dem man obendrein den Alltag vergessen und sich erholen kann – in Fitness- und Wellness-Einrichtungen, In-Restaurants und Szene-Kneipen. Zudem ist Miami Teil einer Ferienmegalopolis, die von Coral Gables über Miami Beach und Fort Lauderdale bis Palm Beach reicht und mit endlosen Sandstränden und einem wohltuenden subtropischen Klima gesegnet ist.

Mount Vernon (VA) Auf diesem Landsitz, von dem aus man einen herrlichen Blick über den Potomac River hat, lebte Amerikas erster Präsident, George Washington, gut vierzig Jahre. Der älteste Teil des Anwesens, das Washington 1754 erwarb, war 1735 entstanden. Die sorgfältig restaurierte Inneneinrichtung samt Farben von Wänden und Decken entspricht dem Stand von 1799 (Washingtons Todesjahr) und zeugt vom Geschmack und

Wohlstand des Hausherrn und seiner Gattin. Zu den Kostbarkeiten von Mount Vernon zählt ein alter Schlüssel, der nach der französischen Revolution vom Marquis de Lafayette überreicht worden war. Er soll einst zum Tor der erstürmten Pariser Bastille gepaßt haben.

Myrtle Beach (SC) Seinen Namen hat der Ort von der hier beheimateten Myrte. Klima, Golfstrom, schützende Dünen und kilometerlange weiße Sandstrände machten Myrtle Beach in unserem Jahrhundert zu einem der populärsten Seebäder der amerikanischen Ostküste. Das lebhafte Strandgetümmel setzt sich nach Norden über Atlantic Beach bis zum North Myrtle Beach fort.

Mystic (CONN) Der malerische Ort an der Mündung des Mystic River in den Atlantik bietet ein 1929 eröffnetes, einzigartiges Museumsdorf, das *Mystic Seaport Museum*. Besuchern wird ein hauptsächlich vom Walfang lebender Seehafen des 19. Jahrhunderts gezeigt – mit Werften, Werkstätten, Seilereien und anderen Einrichtungen. In den gewerblichen Betrieben werden technisches und handwerkliches Know-how der damaligen Zeit vorgeführt. Das Museum gewährt einen faszinierenden Einblick in den Walfang, der einst einer der wichtigsten Wirtschaftszweige Neuenglands war. Bewunderer von Herman Melvilles Roman «Moby Dick» (1851) sollten es sich auf keinen Fall entgehen lassen.

New Castle (DEL) Das 1651 gegründete Städtchen war eine der ersten Ansiedlungen in Delaware und im 18. Jahrhundert ein frequentierter Seehafen, ehe es in dieser Funktion von Wilmington abgelöst wurde. Der hübsche Ort mit seinem kolonialen Flair bietet viele Beispiele früher amerikanischer Architektur. Zu den Attraktionen zählen das Old Dutch House und das Amstel House Museum.

Newport (RI) Der 1639 gegründete Ort gelangte im 18. Jahrhundert durch Rum, Sklavenhandel und Geschäfte mit Freibeutern zu Wohlstand. Daran partizipierten jüdische Zuwanderer, die 1763 die *Touro Synagoge* bauen ließen – die älteste der USA. Wunderschöne Ausblicke auf das Meer bieten der *Ten-Mile-Drive* und der *Cliff Walk*. Luxuriöse Sommersitze des frühkapitalistischen Geldadels, *cottages* genannt, sind die Hauptattraktion der Stadt. Sechs von ihnen können besichtigt werden: Kingscote, Château-sur-Mer, Marble House, The Breakers, The Elms und Rosecliff. (Siehe auch Seite 151.)

Das «Breakers», ein Palast mit über achthundert Zimmern, ist von gepflegten Gartenanlagen und mehreren Golfplätzen umgeben. Es ist das beste Hotel in Palm Beach, dem berühmten Badeort an Floridas Ostküste, der seinen Namen und seine Existenz einem Schiffsunglück verdankt: 1878 sank hier der mit Kokosnüssen beladene Frachter «Providencia», und die unzähligen an den Strand gespülten Nüsse wurden von den Siedlern an Ort und Stelle angepflanzt.

New York (NY) Im Jargon des Showgeschäfts heißt New York seit langem «der große Apfel» (*Big Apple*) – die schillernde Metropole steht für Business, Vielfalt und Fortschritt. Es ist die größte Stadt der Vereinigten Staaten und wahrscheinlich die drittgrößte der Welt. Dank seiner über acht Millionen Einwohner ist es die kosmopolitischste aller amerikanischen Großstädte. Als erster Europäer sichtete der Florentiner Giovanni da Verrazano, der eine französische Flotte befehligte, 1524 die Insel Manhattan; die Besiedlung des Ortes wurde jedoch erst 1609 durch den Engländer Henry Hudson eingeleitet, der für Holland die Meere befuhr. Seitdem haben sich in New York Menschen aus aller Welt niedergelassen. Dennoch ist auch hier der Schmelztiegel nicht Wirklichkeit geworden; denn die ethnischen Gruppen blieben weitgehend unter sich.

Die meisten Sehenswürdigkeiten New Yorks finden sich im Zentrum von Manhattan, dem ältesten von insgesamt fünf Stadtteilen (*boroughs*). Ein Markenzeichen der Stadt ist der 25 Kilometer lange *Broadway*, der nicht dem üblichen Schachbrettmuster von Streets und Avenues folgt, sondern diagonal verläuft. Die sich daraus ergebenden spitzen Winkel haben Architekten und Stadtplaner immer wieder zu außergewöhnlichen Kreationen inspiriert. Als Beispiel mag der *Times Square* dienen, in dessen Umkreis die Schauspielhäuser und Musiktheater liegen, die New York zum Nabel der amerikanischen Theater- und Musicalwelt gemacht haben. An der Fifth Avenue entlang der Ostseite des *Central Park* befinden sich acht der interessantesten Museen

Das Marble House gehört zu den prächtigsten Sommerpalästen am Cliff Walk von Newport, Rhode Island. William Vanderbilt ließ den von Richard Morris Hunt entworfenen prunkvollen Feriensitz 1892 als Geschenk für seine Gattin errichten.

und Kunstsammlungen der Stadt: das Metropolitan Museum of Art, das von dem Stararchitekten Frank Lloyd Wright entworfene Solomon R. Guggenheim Museum, das Museum of the City of New York, das Jewish Museum, das Cooper-Hewitt Museum, das International Center of Photography, das lateinamerikanische Museo del Barrio und die Frick Collection. Ein paar Straßenblocks südlich des Parks liegen die Konzerthalle Carnegie Hall, das Museum of Modern Art und das in den dreißiger Jahren erbaute riesige *Rockefeller Center*, New Yorks erste geschlossene Hochhauslandschaft, die mit einer Fußgängerzone, mit Brunnen, beschaulichen grünen Inseln, Straßencafés, Boutiquen und Galerien zum Flanieren und Verweilen einlädt. Das als «achtes Weltwunder» gefeierte *Empire State Building* mit seinen 381 Metern Höhe (mit Antenne gar 440 Meter) bietet einen phantastischen Blick auf dieses Szenario, zu dem auch die Gebäude der United Nations, der Theaterkomplex Lincoln Center for the Performing Arts, die Freiheitsstatue, die berühmt-berüchtigte New York Stock Exchange (Börse), die Wolkenkratzer des World Trade Center (Welthandelszentrum), das Künstlerviertel Greenwich Village, der von buntem Treiben erfüllte Washington Square mit seinen hübschen Häusern, das Chinesenviertel Chinatown und vieles mehr zählen.

Aber auch die anderen *boroughs* bieten Interessantes: beispielsweise Brooklyn ein Wohnviertel aus dem 19. Jahrhundert, Brooklyn Heights, von dem man herrliche Ausblicke auf die Skyline New Yorks hat. In Brooklyn warten auch der Sandstrand und der Vergnügungspark von Coney Island. Die Bronx lockt mit einem Zoo – dem größten der USA – und einem Botanischen Garten.

Das Kultur- und Unterhaltungsangebot der Metropole am Hudson River ist – wie sollte es anders sein – weltstädtisch. Museen, Galerien, Bühnen, Musiktheater, Konzertsäle, Kinos, Stadien, Restaurants, Bars und Amüsierbetriebe locken mit einer kaum noch überschaubaren Fülle von «Ereignissen».

Okefenokee Swamp (GA) Die Küstenniederungen von Georgia sind von Sümpfen durchzogen, in deren Wildwuchs Alligatoren, Luchse, Schwarzbären, Pelikane, Ibisse und andere Exoten zu Hause sind. Geheimnisvoll und unergründlich gibt sich der Okefenokee, mit 1700 Quadratkilometern der größte dieser Sumpfwälder, in den sich – so sagen die Legenden – allerhand lichtscheues Volk verkrochen haben soll. Von den umliegenden Orten Waycross, Folkston und Fargo aus können Ausflüge in das Naturschutzgebiet unternommen werden.

Orlando (FLA) Die Stadt im sanftgewellten Hügelland Zentralfloridas wurde in den 1830er Jahren gegründet und lebte von Baumwollanbau, Viehzucht und Handel mit Zitrusfrüchten.

Fortsetzung Seite 169

REICHTUM VERPFLICHTET: DIE SOMMERRESIDENZEN IN NEWPORT

Zwischen 1880 und 1914 verbrachten Amerikas Superreiche ihre Sommer bevorzugt in der Hafenstadt Newport auf Rhode Island und ließen sich dort Villen nach dem Vorbild französischer Schlösser errichten, die sie «cottages», Hütten, nannten.

Begonnen hatte alles ganz normal: Newport (RI) wurde 1639 von puritanischen Bauern gegründet, die sich in Massachusetts Bay und in Anne Hutchinsons liberalem Portsmouth in Rhode Island unbeliebt gemacht hatten. Diese bewiesen in der Folge ein goldenes Händchen im Tauschhandel mit Westindien, im Schiffbau, im internationalen Sklavenhandel sowie bei der Vermarktung von Hehlerware, die von Freibeutern angeliefert wurde. Gegen Ende der Kolonialzeit entdeckten Pflanzer von den Westindischen Inseln und aus dem amerikanischen schwül-heißen Süden Newport als angenehmen Ferienort mit frischer Meeresbrise, hundert Jahre später folgte Amerikas Geldadel. Die Multimillionäre ließen sich «Hütten» *(cottages)* hinstellen, die Kennern französischer Châteaus merkwürdig vertraut vorkommen, und feierten rauschende Feste, von denen man in Newport heute noch immer spricht.

Heute finden in das Städtchen hauptsächlich Touristen, die sich die *cottages* ansehen wollen. Eine seit 1945 bestehende «Preservation Society» kümmert sich um sechs dieser Immobilien, die der Öffentlichkeit zugänglich sind. Siebzig Zimmer kann eine solche Residenz haben, und während sich der Betrachter über glänzende Parketts, römische Mosaiken, elegante Treppenaufgänge und unter prunkvollen Lüstern, vorbei an Kunst und Kitsch, durch blaue und rote Salons, chinesische Teeräume und goldene Ballsäle bewegt, mag ihn schon mal das beklemmende Gefühl befallen, von der protzigen Pracht demnächst erschlagen zu werden.

Innenräume der Villa The Elms in Newport: der weitläufige Wintergarten (links); die pompöse Eingangshalle (oben).

Zu Hause waren hier zwei Monate im Jahr die Astors, Carnegies, Morgans, Reynolds, Rockefellers, Vanderbilts und Konsorten. Mit Eisenbahnen, Bergbau, Stahl, Öl, Tabak und Finanzierungsgeschäften hatten sie monopolistische Wirtschaftsimperien und damit Machtverhältnisse im Land geschaffen, die zeitweilig sogar die Demokratie bedrohten. Sie hatten dabei von einer Wirtschaftspolitik des Laisser-faire profitiert, die ungeniert dem Grundsatz huldigte, daß Eigenwohl vor dem Gemeinwohl stehe, denn wenn es dem einzelnen gut ginge, hätten schließlich alle etwas davon. Das Volk sah das anders und schalt sie «Räuberbarone» *(robber barons)*. Sie selbst zitierten Darwin und begriffen sich und ihre Unternehmen als Produkte eines natürlichen Selektionsprozesses, in dem nur der Tüchtigste überlebte. Morgan und Rockefeller brachten unter diesen Voraussetzungen immerhin 20 Prozent des Volksvermögens in ihren Besitz. Fairerweise soll nicht verschwiegen werden, daß sie Teile ihres Reichtums in Form von Museen, Kunstsammlungen, Stiftungen usw. wieder in die Gemeinschaft haben zurückfließen lassen.

Wer dieser Schicht angehörte, hatte wirtschaftlich ausgesorgt. Der Kulturanthropologe Thorstein Veblen sprach schon 1899 in einem aufsehenerregenden Buch von der *leisure class* («Freizeitschicht»). Wo immer diese unter sich war, versuchte jede(r) jede(n) mit Extravaganzen zu übertrumpfen. Gönnte sich jemand eine 40-Zimmer-Villa, erhöhte der Nachbar flugs um zehn – das Gesetz dieses Handelns hieß, laut Veblen, «Vorzeigekonsum» *(conspicuous consumption)*.

Dem Spuk ein Ende machte Präsident Theodore Roosevelt (1901 – 1909), der mit Hilfe eines Kartellgesetzes die größten der Konzerne zerschlug. Dies und der Erste Weltkrieg bedeuteten das Aus auch für Newport als Tummelplatz der US-Superreichen.

Friedrich W. Horlacher

FLORIDA

Die 100-Meilen-Reise auf dem Overseas Highway Number One über die 43 Inseln, die Keys, verschafft Einsichten. In keinem Teil der Vereinigten Staaten ist man dem Herzen, dem Lebensgefühl Amerikas näher. Dieser selig leichtsinnige, selbstverständliche Umgang mit Leben. Diese tiefe Sehnsucht nach Schwerelosigkeit. Und diese tagtägliche, wohltuende Freundlichkeit … Jene 42 Brücken, die hinunter nach Key West führen, vermitteln ein fast schmerzhaftes Gefühl von der Schönheit der Erde.

Andreas Altmann, 1994

◁ FLORIDA

Linke Seite: Mehrmals täglich finden in Cypress Gardens bei Orlando Wasserski-Vorführungen statt.

Rechte Seite: Paragliding in St. Petersburg Beach, dem meistbesuchten Urlaubsziel an Floridas Westküste.

MIAMI BEACH *Ende der siebziger Jahre war das Art-déco-Viertel in Miami Beach noch vom Abriß bedroht, heute gehört es zu den bekanntesten Sehenswürdigkeiten Floridas. Den Anstoß zur Restaurierung gab die Fernsehserie «Miami Vice», die das einzigartige Viertel weithin bekannt machte.*

SEA WORLD *Die Shows mit den gelehrigen Delphinen gehören zu den Höhepunkten eines Besuchs in der Sea World bei Orlando. Auf »Behind-the-Scene Tours« kann man einen Blick hinter die Kulissen dieses Freizeitparks werfen und die Aufzucht-, Trainings- und Forschungsstationen besichtigen.*

CLEARWATER BEACH *Mit dem Cabrio von Strand zu Strand flitzen, das Autoradio auf volle Lautstärke drehen und sich die Meeresluft um die Nase wehen lassen: «Fun – Spaß haben» heißt das Motto an Floridas Clearwater Beach.*

CYPRESS GARDENS *Sumpfzypressen am Lake Eloise in Cypress Gardens. Die botanischen Gärten sind ganzjährig eine Attraktion: Im Frühjahr blühen hier Bougainvilleen und Rosen, gefolgt von Magnolien und Jasmin; im November verwandeln unzählige Chrysanthemen den Park in ein Blütenmeer.*

KEY WEST *In diesem Haus auf Key West verbrachte der Schriftsteller Ernest Hemingway zehn seiner produktivsten Jahre. Die Villa im spanischen Kolonialstil, in der er von 1931 bis 1940 mit seiner zweiten Frau Pauline Pfeiffer gelebt hat, ist von einem herrlichen Garten umgeben.*

WEEKI WACHEE SPRING

Pelikane in Weeki Wachee Spring, einem Freizeitpark bei Tampa. Der lustige Name der idyllischen Flußlandschaft leitet sich von zwei Worten der Creek-Indianer ab: «chee wekiwa – kleine Quelle».

BEVER
HILLS
MAX FACTOR
30

UNIVERSAL STUDIOS

Ein Besuch der Universal Studios bei Orlando ist ein Ausflug in die Welt des Films: Dort kann man durch Kulissenstraßen schlendern, ein Erdbeben erleben oder King Kong durch die Straßen stapfen sehen – alles perfekt in Szene gesetzt von Altmeister Steven Spielberg.

UNIVERSAL STUDIOS *In den Universal Studios erinnern viele Gebäude an berühmte amerikanische Filme. In «Mel's Drive In», Kulisse in dem Kultfilm «American Graffiti» von George Lucas, werden die fünfziger Jahre wieder lebendig.*

MIAMI BEACH *Steinerne «Augenbrauen» über den Fenstern, abgerundete Ecken und farbige Neonbeleuchtung sind kennzeichnend für die Art-déco-Bauten in Miami Beach. Im Bild das «Colony Hotel» am Ocean Drive.*

KEY WEST *Jedes Jahr zieht es unzählige Touristen, Aussteiger und Lebenskünstler nach Key West, in die »Karibik der USA«. Die nur noch 145 Kilometer von Kuba entfernte Insel lockt mit tropischer Vegetation und Traumstränden, schönen Kolonialvillen und urigen Kneipen.*

Die Seven-Mile-Bridge ist die längste der 42 Brücken, über die der Overseas Highway die Keys mit dem Festland verbindet. Die Fahrt über das Meer gehört zu den unvergeßlichen Erlebnissen im »Sunshine State«.

OVERSEAS HIGHWAY ▷

Heute ist sie von schier endlosen Orangenplantagen umgeben. Als *Disney World* 1971 und danach weitere Vergnügungsparks (Sea World, Universal Studios) ihre Tore öffneten, erlebten Orlando und die ganze Region einen Boom. Disney World ist eine Zauberwelt, die keineswegs nur Kinder fasziniert. Im *Magic Kingdom* regieren Phantasie und – ohne daß man sich dessen immer bewußt wäre – Technik und schaffen die perfekte Illusion. Im nahegelegenen *Epcot Center*, das als experimentelle «Stadt der Zukunft» konzipiert ist, präsentieren die Traumfabrikanten ihre Vision der Welt von morgen.

Philadelphia (PA) Der 1681 von Quäkern am Delaware River gegründete Ort wuchs bis zur Mitte des 18. Jahrhunderts zur zweitgrößten Stadt der englischsprechenden Welt – vor allem dank des Hafens. Derzeit ist es mit über eineinhalb Millionen Einwohnern die zweitgrößte Stadt an der Ostküste und die fünftgrößte der Vereinigten Staaten. Im amerikanischen Bewußtsein ist Philadelphia der Ort, an dem die Unabhängigkeitserklärung geschrieben und verabschiedet (1776) sowie die amerikanische Verfassung gezimmert und ratifiziert wurde (1787). De facto war es die erste Hauptstadt der Vereinigten Staaten. Aber hier gab es auch das erste amerikanische Hospital, die erste medizinische Hochschule, die erste Bank, Papierfabrik, Zuckerfabrik, Münzanstalt, Tageszeitung, öffentliche Schule für Schwarze, den ersten Zoo und das erste Dampfschiff des Landes. Sehenswertem begegnet man denn auch auf Schritt und Tritt. Im geschichtsträchtigen *Independence National Historical Park* sind zusammengefaßt: Independence Square, Independence Mall, Declaration House, Liberty Bell Pavillion, Independence Hall, Congress Hall und 13 weitere «Heiligtümer der Nation». Darüber hinaus sind die Edgar Allan Poe National Historic Site, die von deutschen Einwanderern gegründete Germantown, Museen, alte Kirchen, Friedhöfe, Bildungseinrichtungen und vieles mehr zu besichtigen.

Pittsburgh (PA) Aus Fort Pitt, einem 1758 gegründeten Grenzposten an der Indianerfront, entwickelte sich ein Industriezentrum, das die sich fortwährend nach Westen verschiebende Grenzregion mit Nägeln, Hämmern, Bratpfannen und anderem Gerät versorgte. Seit den fünfziger Jahren erlebte die Stadt zwei «Wiedergeburten». Zunächst wollte man das «Kohlenpott-Image» loswerden und investierte 500 Millionen Dollar in Stadtsanierung und Umweltschutzprogramme. Es entstanden das Gateway Center, die Civic Arena und der Point State Park. Wiedergeburt II folgte in den siebziger und achtziger Jahren, als man drei Milliarden Dollar investierte, um die traditionelle Schwerindustrie durch High Tech und Dienstleistung zu ersetzen. Pittsburgh ist neben Baltimore die einzige Kommune im Osten, in der Stadterneuerungsprogramme gegriffen haben. Geholfen haben dabei Eigeninitiative, Bürgersinn, Phantasie und ein fähiges politisches Management. Den Überblick verschaffen dem Besucher Fahrten mit den Straßenbahnlinien Mount Washington Incline, Monongahela Incline und Duquesne Incline. An das Fort Pitt erinnert nur noch das *Blockhouse of Fort Pitt. The Carnegie* ist ein Komplex von Museen, Konzertsälen, Bibliotheken und Galerien. Ebenfalls multifunktional sind *The Carnegie Science Center* und *The Frick Art and Historical Center.*

Pittsfield (MASS) Das inmitten der malerischen Berkshire Hills gelegene Städtchen war von 1850 bis 1863 die Heimat von Herman Melville, der hier unter anderem den Roman «Moby Dick» (1851) schrieb. Sein Haus, *Arrowhead*, kann besichtigt werden, und das *Berkshire Athenaeum*, eine Bibliothek, enthält ebenfalls Melville-Memorabilien. Einen Überblick über die Geschichte der Region bietet das Berkshire Museum. Das *Hancock Shaker Village*, ein Museumsdorf westlich von Pittsfield, war einmal eine Gemeinde der Shaker-Sekte. Die Mitglieder dieser heute fast ausgestorbenen christlichen Glaubensgemeinschaft gelten als hervorragende Handwerker. Die Häuser und ihre Einrichtungen liefern einen eindeutigen Beweis.

Plymouth (MASS) Hier landete 1620 eine Gruppe sogenannter Separatisten, die England bereits 1607 in Richtung Leiden (Holland) verlassen hatte. Man hatte gegen die englische Kirche gewettert und gründete nun die Plimoth Plantation, um den Gottesstaat auf Erden zu verwirklichen. Die Nachwelt kennt die Eiferer als Pilgerväter. Eine maßstabsgetreue Nachbildung der «Mayflower», auf der sie gekommen waren, liegt im Hafen. In einem *Museumsdorf* am Stadtrand demonstrieren Bewohner in historischer Kleidung puritanische Lebensart. Ein kleiner Säulentempel kennzeichnet die Stelle, an der die Pilgerväter an Land gegangen waren, *Plymouth Rock.*

Portsmouth (NH) New Hampshires einziger Seehafen leidet unter den Launen der Verteidigungspolitik – Kriegsschiffe werden in jüngster Zeit kaum geordert. Einen für die Stadt sehr wichtigen Erwerbszweig stellt daher der Tourismus dar. Zugkraft besitzt vor allem *Strawberry Banke*, ein aufwendig renoviertes Altstadtviertel am historischen Kai. Von hier aus können per Schiff die Inseln Appledore und White Island erreicht werden, die zur

In der Sumpflandschaft der Everglades im Süden von Florida. Auf den Hammocks, den kleinen Inseln, haben sich Mangroven, Royal Palms und viele andere tropische Pflanzen angesiedelt.

Gruppe der Isles of Shoals gehören. Auch die beliebten Strände von Hampton Beach, dem bekanntesten Badeort des Bundesstaats, sind nicht weit.

Princeton (NJ) In dem 1685 gegründeten Städtchen ist eine der bedeutendsten Universitäten der Vereinigten Staaten zu Hause, die *Princeton University.* Angefangen hatte die Institution 1756 als College of New Jersey. Zwanzig Jahre später hatte sie den Ruf einer Kaderschmiede für die amerikanische Revolution. Heute kennt man sie als eine hochrangige Bil-

Links oben: Das ehemalige Luxushotel »Ponce de León« in St. Augustine ist seit 1967 Sitz des Flagler College. Die Stadt wurde von dem Spanier Don Pedro Menéndez de Avilés schon 1565 gegründet – 42 Jahre, bevor sich die ersten englischen Siedler in Jamestown niederließen.

Links unten: Auf dem Arlington National Cemetery im gleichnamigen Vorort von Washington, D. C., erinnern über 200 000 Gräber an die Kriegstoten der USA.

dungs- und Forschungseinrichtung, an der beispielsweise Albert Einstein wirkte. Neben dem Campus sind auch das Art Museum und das National History Museum sehenswert.

Richmond (VA) Die ersten englischen Siedler ließen sich 1607 hier nieder. Seit 1780 ist Richmond die Hauptstadt Virginias; in den Bürgerkriegsjahren (1861–1865) diente es als Hauptstadt der Südstaatenkonföderation. Wichtige Wirtschaftsfaktoren für die Kommune sind Tabak-, Papier- und Chemieprodukte sowie eine Textil- und Druckindustrie. Von besonderem Besucherinteresse sind der geschichtsträchtige *Capitol Square* mit dem State Capitol, das restaurierte Haus des obersten Bundesrichters John Marshall (erbaut 1790), die *Church Hill Historic Area* – unter anderem mit der St. John's Episcopal Church (1741), in der der Revolutionsheld Patrick Henry mit einer zur Legende gewordenen Rede den Aufstand probte –, die *Fan and Monument Avenue* mit Museen, Monumenten und historischen Gebäuden sowie *Jackson Ward*, ein bürgerliches Schwarzenviertel mit Häusern in Stilen des 19. Jahrhunderts.

Savannah (GA) Der historische Kern der Stadt zählt zum Schönsten, was die USA architektonisch zu bieten haben. Angelegt nach einem grandiosen Entwurf des Koloniegründers James Edward Oglethorpe (1733), präsentiert sich hier ein einmaliges Ensemble von Hunderten von Häusern aus dem 18. und 19. Jahrhundert. Englisch-koloniales Bauen mit seiner Schlichtheit nach außen, aber einem Sinn für erlesenes Interieur *(Federal Architecture)* wurde modifiziert und ergänzt durch Formen der römischen und griechischen Antike *(Greek Revival)* und durch die Erinnerung an die Gotik *(Gothic Revival)*. Das *Davenport House* (Federal), das *Richardson-Owens-Thomas House* (frühes Greek Revival) und das *Green-Meldrim House* (Gothic Revival) sind herausragende Beispiele der unterschiedlichen Architekturstile. Von Savannahs einstiger Bedeutung als Umschlagplatz für Baumwolle zeugt die *Baumwollbörse* (Cotton Exchange).

St. Augustine (FLA) Die älteste ständig bewohnte Stadt der USA wurde 1565 im Namen des spanischen Königs Philipp II. von Pedro Menéndez de Avilés gegründet. Von dieser Stadt, deren Festung, das *Castillo de San Marcos*, teilweise noch erhalten ist, machte Spanien bis ins 18. Jahrhundert hinein – und zeitweise bis ins heutige Maryland – Gebietsansprüche nach Norden geltend. Die malerische Altstadt mit ihren verwinkelten Gassen und ihren blumengeschmückten Häusern hat noch immer spanisches Flair. In den Werkstätten des *Spanish Quarter* arbeiten Handwerker und Künstler in historischen Trachten. Zum Besuch laden darüber hinaus das älteste *Schulhaus* der USA und die nahe *St. Augustine Alligator Farm* ein.

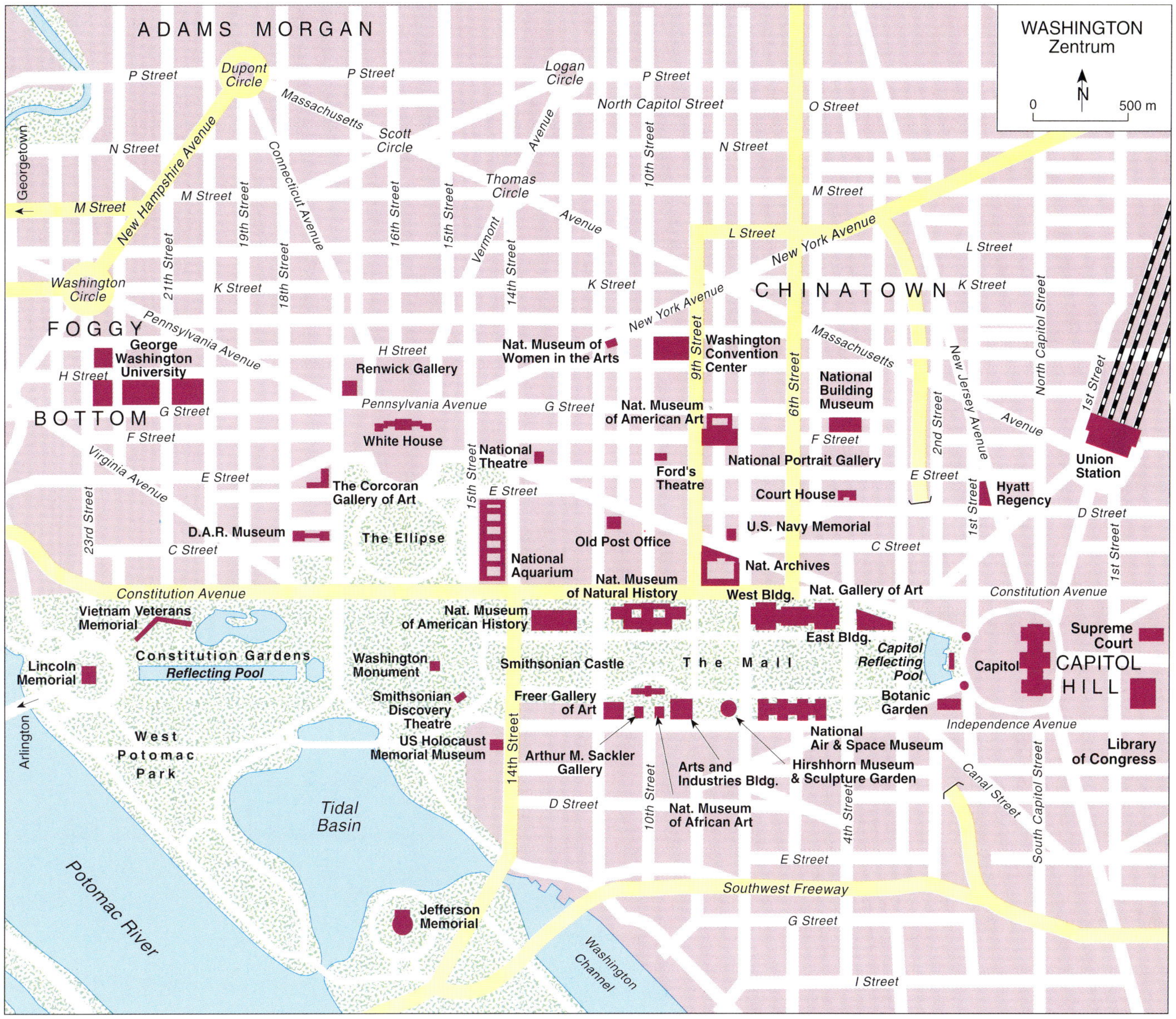

Sturbridge (MASS) Hier befindet sich ein 1946 gegründetes Museumsdorf, das *Old Sturbridge Village*, in dem Häuser und Handwerksbetriebe aus dem 18. und 19. Jahrhundert zu besichtigen sind. Das älteste stammt aus dem Jahr 1704. Die Gebäude sind entsprechend ihrer ursprünglichen Nutzung eingerichtet (Schmiede, Mühle usw.); Frauen und Männer in historischen Trachten führen vor, wie früher Landwirtschaft betrieben wurde.

Washington (DC) Das repräsentative Washington beruht im wesentlichen auf dem grandiosen Entwurf des französischen Baumeisters Pierre-Charles L'Enfant, der Klassizistisches im Sinn hatte. Es ist eine «Hauptstadt aus der Retorte», die gebaut wurde, weil die amerikanische Verfassung einen unabhängigen, außerbundesstaatlichen Regierungssitz verlangt hatte. Seit 1800 wird hier regiert (siehe Seite 104). Dem Besucher präsentiert sich Washington als Stadt der nationalen Kultstätten, monumentalen Prachtbauten, Denkmäler und Gedenkstätten, der Museen, Kunstsammlungen, Bibliotheken und Archive. Daneben existiert jedoch auch noch das «andere Washington», das von Armut, Arbeits- und Obdachlosigkeit geprägt ist. Mehr als 70 Prozent seiner Bewohner sind Afroamerikaner.

Die meisten Sehenswürdigkeiten finden sich beiderseits der imposanten *Mall*, die sich als grüne Achse durch den Regierungsbezirk zieht, sowie innerhalb des Dreiecks Kapitol, Pennsylvania Avenue, Constitution Avenue und Potomac River. Sie lassen sich zu Fuß erschließen. Auch wenn manche Gebäude wie das Lincoln Memorial auf manchen Besucher übertrieben pathetisch wirken, gehört ihre Besichtigung doch zum touristischen Pflichtprogramm. Lohnend sind auf jeden Fall Kapitol, Library of Congress, Washington Monument, Weißes Haus, Jefferson Memorial, National Portrait Gallery, National Gallery of Art, National Museum of Art, Hirshhorn Museum & Sculpture Garden, National Museum of Natural History, National Museum of American History, Smithsonian Castle und das John F. Kennedy Center for the Performing Arts.

Keinesfalls versäumen sollte man auch einen Besuch in *Georgetown*, das – 1871 eingemeindet – heute eine Stadt in der Stadt bildet. Mit seinen eleganten Häusern aus dem 18. und 19. Jahrhundert, seinen Boutiquen, In-Restaurants und Bars ist es eines der begehrtesten Wohnviertel in Washington. Bereits zur Kolonialzeit florierte Georgetown als Hafenstadt am Potomac River. Im frühen 19. Jahrhundert wurde es Ausgangspunkt des *Chesapeake & Ohio Canal*, der mit seinen 300 Kilometern Länge bis Cumberland (MD) reichte. Als man 1828 mit dem Bau begann, war es für Kanäle eigentlich schon zu spät, denn das Zeitalter der Eisenbahn stand vor der Tür. Der National Park Service unterhält Teile der Anlage als Museum. Die Pfade entlang der Wasserstraße sind bei Radlern und Joggern beliebt.

Mitte: Insgesamt vierzig Präsidenten residierten im Weißen Haus in Washington, D. C., seit John Adams, der zweite Präsident der USA, im Jahr 1800 das noch unfertige Gebäude bezogen hatte. Nach dem Brand von 1814 bekam es den weißen Anstrich, dem es seinen später von Theodore Roosevelt offiziell eingeführten Namen verdankt.

Oben: Das monumentale neoklassizistische Gebäude des Philadelphia Museum of Art bildet den würdigen Abschluß der Museumsmeile der Stadt. Über 300 000 Ausstellungsstücke erwarten den Besucher in seinem Inneren.

Unten: Tabakfeld im Museumsdorf Historic Old Salem in Winston-Salem. Diese Zwillingsstadt in North Carolina gehört zu den Zentren der Tabakverarbeitung – der Reynolds-Konzern stellt hier täglich knapp eine halbe Milliarde Zigaretten her.

West Orange (NJ) Die *Edison National Historic Site* in West Orange hat das Edison-Labor vorzuweisen, in dem der Erfinder ab 1877 44 Jahre lang tätig war. Natürlich spielt hier das erste Grammophon und leuchten die ersten Glühbirnen. In einer Rekonstruktion des ersten Filmstudios der Welt werden Edison-Filme gezeigt. Die Villa, in der Thomas A. Edison lebte und starb, das *Glenmont Mansion*, kann ebenfalls besichtigt werden.

White Mountains (NH) Die White Mountains sind der höchste Teil des Appalachen-Gebirgssystems in Neuengland. Der höchste Punkt ist der Mount Washington mit 1917 Metern. Auf den Gipfel führen eine Straße und eine 1869 eröffnete Dampfzahnradbahn. Etwa 80 Prozent des Berglands sind als *White Mountain National Forest* ausgewiesen, ein Wander- und Erholungsgebiet, das durch ein 1900-Kilometer-Wegenetz erschlossen wird. Zur Zeit der spektakulären Herbstfärbung, dem Indian Summer, herrscht hier Hochbetrieb. Landschaftlich besonders reizvoll ist eine Bergstraße, der *Kancamagus Highway*, der Franconia Notch mit anderen Schluchten verbindet und zu Wanderwegen, Abfahrtspisten und Loipen führt. Die beliebtesten Ferienziele sind der *Lake Winnipesaukee*, der größte See New Hampshires, und *North Conway*. Weltgeschichte wurde im *Mount Washington Hotel* von Bretton Woods geschrieben, als hier der US-Dollar 1944 zur internationalen Leitwährung gekürt wurde.

White Sulphur Springs (WVA) Bereits in der Kolonialzeit galt der für seine Heilquellen berühmte Ort bei feinen Leuten als vornehme Adresse. Daran hat sich bis heute kaum etwas geändert. So exklusiv ist der Kurort, über den man das Waldgebiet des *Monongahela National Forest* erreicht, allerdings nicht mehr.

Williamsburg (VA) Gegründet wurde der Ort 1633 als Middle Plantation. Rund sechzig Jahre später erhielt er seinen jetzigen Namen, eine Hochschule (College of William and Mary) und wurde Hauptstadt von Virginia. Diesen Status verlor die kleine Gemeinde im Jahr 1780 an Richmond. Der alte Kern mit fast hundertfünfzig Gebäuden ist nahezu vollständig restauriert worden – dank einer von John D. Rockefeller ins Leben gerufenen Stiftung. In den Regierungs- und Verwaltungsgebäuden, Handwerksbetrieben, Geschäften und Herbergen der *Historic Area* geben hervorragend geschulte Akteure in historischer Kleidung einen authentischen Einblick in koloniales Leben. Ein paar Kilometer weiter südlich, am James River, liegt *Jamestown*, die erste dauerhafte englische Kolonie auf nordamerikanischem Boden. Ein Visitor Center erläutert Ruinen und Fundstücke von dem 1607 gegründeten Unternehmen; bei den Behausungen handelt es sich um Nachbauten. Auf beiden Seiten des James River laden *The James River Plantations* zum Besuch ein. Zu den prächtigsten dieser alten Plantagen zählen Carter's Grove, Berkeley und Shirley.

Wilmington (DEL) Die mit siebzigtausend Einwohnern größte Stadt von Delaware verdankt ihren Aufstieg der Industriellenfamilie Du Pont, dem Schießpulver und der Chemie. Ihre Anfänge liegen im frühen 17. Jahrhundert, als Schweden sich hier niederließen. Ihre Kolonie wurde 1655 von Holländern unter Peter Stuyvesant erobert; 1664 wurde sie englisch. An die schwedische Vergangenheit erinnern die *Old Swedes Church* (erbaut 1698) und das *Hendrickson House* (1690), ein als Museum dienendes schwedisches Bauernhaus. Ein Ensemble von vier Gebäuden aus dem 18. Jahr-

Oben: Der hübsch gestaltete Independence National Historical Park in Philadelphia gilt als die «geschichtsträchtigste Quadratmeile» der USA. Zu den meistbesuchten Zeugnissen der amerikanischen Unabhängigkeitsbewegung gehören die Independence Hall und die Freiheitsglocke Liberty Bell.

Unten: Pierre S. Du Pont, der Stammvater der berühmten Industriellenfamilie, ließ 1906 die Longwood Gardens westlich von Philadelphia anlegen. Riesige Gewächshäuser mit tropischen Pflanzen machen den Besuch des 425 Hektar großen Parks auch an Regentagen zu einem Erlebnis.

hundert findet sich am Willingtown Square. Das *Winterthur Museum*, einst ein Landsitz der Du Ponts, zeigt Kunst und Antiquitäten aus der Zeit zwischen 1640 und 1860. Um die Geschichte des Schießpulvers, seine Herstellung und die Anfänge des Chemiemultis Du Pont geht es im *Hagley Museum*.

Winston-Salem (NC) Im Jahr 1913 wurden das 1766 von Mährischen Brüdern (Moravians) gegründete Salem und das hundert Jahre jüngere Winston in einer Verwaltungsreform zusammengefaßt. Beide Städte waren gediehen auf der Grundlage von Tabak und des Reynolds-Tabakimperiums. Der *Historic Bethabara Park* war Standort der ersten Siedlung der Mährischen Brüder; *Historic Old Salem* ist in Teilen ein Museumsdorf, das in die Frühzeit der Stadt führt.

York (ME) Der Ort wurde 1624 von den Pilgervätern gegründet. Der Kerker aus dem Jahr 1720, das wichtigste Zeugnis vergangener Tage, ist heute ein vielbesuchtes *Museum*. Aus der Kolonialzeit stammen ferner die *Jefferds Tavern*, das *Old School House* und das *Emerson-Wilcox House*. Etwas Besonderes ist das Grab einer «Hexe» auf dem Friedhof. Nördlich von York lohnen «The Kennebunks», sechs Ferienorte, deren bekanntester Kennebunkport ist, und Portland, mit 65 000 Einwohnern die größte Stadt Maines, einen Besuch.

Sehenswerte Naturschutzgebiete von A bis Z

Acadia National Park (ME) Seit Ende des amerikanischen Bürgerkriegs (1865) war die Küste Maines Ziel betuchter Sommerfrischler. Eine begehrte Adresse war *Mount Desert Island*, das seinen Namen, «Insel der kahlen Berge», dem hier mit seinem Schiff auf Grund gelaufenen französischen Entdecker Samuel de Champlain verdankt (1604). Auf Betreiben des Harvard-Professors Charles W. Eliot und seines Sohns taten sich 1901 einige der Sommergäste zusammen und kauften Land. Aus ihrem Besitz wurde 1919 der Acadia National Park. Seine Topographie ist geprägt von Granitkuppen, die von Eis, Wind und Wasser geglättet worden sind. Vom *Cadillac Mountain*, mit 466 Metern das höchste Massiv, hat man einen wunderschönen Blick auf das Meer und sanft gerundete Bergrücken, die von einem grünen Teppich aus Gräsern, Moosen, Farnen und Bäumen überzogen sind. In dem mit 142 Quadratkilometern vergleichsweise kleinen Nationalpark wurden über dreihundert Vogelarten gezählt, darunter Kormorane, Weißkopf-Seeadler und Eistaucher.

Eingebettet in die Hügellandschaft liegen unzählige Seen und Tümpel glazialen Ursprungs. Zugänglich ist diese Wunderwelt über ein Netz von Wander- und Fahrradwegen und zwei Rundstraßen. An der Nordküste von Mount Desert Island liegt das reizvolle Städtchen *Bar Harbor*.

Assateague Island National Seashore (MD) Dieses Naturschutzgebiet ist Teil einer schmalen Insel, die sich über 50 Kilometer entlang der Küsten von Maryland und Virginia erstreckt. Naturfreunde können in den Dünen und Marschen eine Vielzahl von Vögeln beobachten. Zur Fauna der Insel gehören auch das Sika Deer, ein kleinwüchsiger orientalischer Hirsch, und wilde Ponies. Am Pony Penning Day im Juli wird die Pferdeherde ins benachbarte Chincoteague getrieben und ein Teil der Tiere verkauft. Assateague erreicht man über Ocean City, Marylands einziges Seebad.

Links oben: Gut getarnt sitzt dieser Rotkehl-Anolis auf einer Sumpfpflanze in den Everglades. Ihren Namen verdankt diese Leguan-Art dem spreizbaren roten Kehlsack der Männchen, der dem Imponiergehabe dient.

Links unten: Fische, Krebse und Frösche gehören zu den Lieblingsspeisen der possierlichen Waschbären, die in Nordamerika weitverbreitet sind. Hier in den Everglades.

Biscayne National Park (FLA) Das Gebiet im Südosten Floridas, das zu 95 Prozent aus tiefblauem klarem Meer und ungefähr dreißig grünen Inseln besteht, wurde 1968 unter Naturschutz gestellt und 1980 zum Nationalpark erklärt. Seine Schönheiten liegen unter Wasser und können nur tauchend, schnorchelnd oder von Booten mit gläsernem Boden *(glass bottom boats)* aus bewundert werden.

Cape Cod National Seashore (MASS) Der von der herben Schönheit dieses Fleckchens Erde faszinierte Essayist und Lyriker Henry David Thoreau beschrieb die 110 Kilometer lange Halbinsel als den «entblößten Arm Amerikas», der rechtwinklig nach Norden gebeugt in den Atlantik ragt. Der «Unterarm» mit seinen Landschafts- und Vogelschutzgebieten ist als Naturpark ausgewiesen. Die salzigen Marschen, Moore und kargen Sandböden ernähren Krüppeleichen und -kiefern, Zedern, Gräser, Stauden und Sträucher.

Dank seiner Sandstrände von insgesamt knapp 500 Kilometern Länge ist Cape Cod eines der beliebtesten Ferienziele der Amerikaner. Das touristische Angebot reicht von naturkundlicher Aufklärung (Salt Pond Visitor Center bei Eastham) über Rundflüge, geführte Radtouren bis hin zu Bootsfahrten in Walreviere. Von Hyannis Port verkehren Fähren zu den Inseln Martha's Vineyard und Nantucket, einst ein wichtiger Walfängerhafen.

Cape Hatteras National Seashore (NC) Das Naturschutzgebiet ist Teil der berühmten Outer Banks, einer Kette schmaler Inseln, die sich mit knapp 240 Kilometern Länge von der Back Bay (VA) im Norden bis zum Cape Lookout (NC) erstreckt. Eine kalte Meeresströmung aus dem Norden und der warme Golfstrom aus dem Süden prallen hier aufeinander und verursachen maritime Turbulenzen mit Wellenbergen, die schon Tausenden von Schiffen zum Verhängnis geworden sind. Seeleute nannten diese Region denn auch *The Graveyard*, den «Friedhof». Noch immer kann man hier die Wracks gestrandeter oder gesunkener Schiffe früherer Jahrhunderte besichtigen. Die Fahrt auf den Outer Banks in Richtung Süden gleicht einer Reise in die Vergangenheit. In Kitty Hawk auf Bodie Island experimentierten die Gebrüder Wright mit ihren Fluggeräten, und das *Wright Brothers National Memorial* in Kill Devil Hills erinnert an die ersten motorisierten Flugversuche im Jahr 1903. Von Whalebone Junction aus erreicht man *Roanoke Island*, wo 1585 und 1587 die ersten englischen Siedlungsversuche in der Neuen Welt scheiterten. Neben Archäologischem findet sich hier eine sehenswerte elisabethanische Parkanlage, die *Elizabethan Gardens*. Südlich von Whalebone Junction beginnt der eigentliche Naturpark, der das *Pea Island National Wildlife Refuge, Hatteras Island* und die noch sehr ursprüngliche Insel *Ocracoke* umfaßt. Seit 1966 ist der südlichste Teil der Outer Banks, Ports-

mouth Island sowie Core und Shackleford Banks, ebenfalls als Naturpark ausgewiesen: Das Gebiet *Cape Lookout National Seashore* bildet landschaftlich die Fortsetzung der Cape Hatteras National Seashore.

Cumberland Island National Seashore (GA) Cumberland Island ist die größte der Golden Isles von Georgia und nur mit einer Fähre zu erreichen. Seit etwa dreißig Jahren ist die Insel mit ihrem Süßwassersee, ihren salzigen Marschen, Dünen, Eichen-, Palmetto- und Pinienwäldern geschützt. In dem Naturparadies leben Alligatoren, Wildpferde, Rotwild, Reiher und mindestens dreihundert weitere Tierarten. Die Zahl der Tagesbesucher ist begrenzt, Fahrzeuge sind auf der Insel verboten.

Everglades National Park (FLA) Pay-hay-okee, «Fluß aus Gras», war die treffende Bezeichnung der Indianer für diese Landschaft. In der Tat bewegt sich ein langsam fließender Strom vom Lake Okeechobee über porösen Kalkstein in südlicher Richtung auf den Golf von Mexiko zu – 80 Kilometer breit, 160 Kilometer lang, aber nur 15 Zentimeter tief. Im schlammigen Grund gedeihen Riedgras und Mangroven, auf den inselartigen Erhebungen *(hammocks)* subtropischer Urwald. Der Nationalpark macht nur ein Siebtel dieses riesigen Sumpfgebiets aus, das von Alligatoren, Panthern, Schlangen, Pelikanen, Fischadlern, Silberreihern, Schlangenhalsvögeln, Ibissen, Löfflern und anderen Tierarten bewohnt wird. Die Everglades gelten als eines der großartigsten Vogelreservate der Welt. Die Schönheiten des Naturparks erschließen eine Straße vom Besucherzentrum am Parkeingang zum Küstenort Flamingo (etwa 60 Kilometer) und verschiedene markierte Trails und Plankenwege durch die Sümpfe.

Great Smoky Mountains National Park (NC) Einen Teil der südlichen Appalachen, in dem sich auch der Nationalpark befindet, nannten die Cherokee-Indianer «Ort des Blauen Rauches», denn selbst an sonnigen Tagen schwebt über den Bergen ein blauer Dunstschleier. Er entsteht durch den Kohlenwasserstoff und die Feuchtigkeit, die die Bäume abgeben. Der Park ist fast ganz von Mischwald bedeckt, der aufgrund seiner Ursprünglichkeit und Vielfalt zu den schönsten Wäldern der Welt zählt. Unzählige Panoramapunkte vermitteln dem Betrachter das Gefühl von Weite. In den Monaten Juni/Juli blühen Rhododendren, Berglorbeer und Azaleen. Im Winter liegt auf den Höhen Schnee. Der Naturpark zählt zu den meistbesuchten der USA und wird durch zwei Durchgangs- und ein System von Nebenstraßen und Wanderwegen (darunter der Appalachian Trail) erschlossen. Nach Norden ist er durch den *Blue Ridge Parkway*, eine 750 Kilometer lange Panoramastraße, mit dem Shenandoah National Park im westlichen Bergland Virginias verbunden.

Mitte: «Wunderbares Licht durchströmt die grüne und braune Weite von Schneidgras und Wasser: ein Glitzern und eine sanfte Bewegung; Gras und Wasser, sie sind das Wesen und Kennzeichen der Everglades von Florida», so beschrieb Marjorie Stonemane Douglas 1947 diese einzigartige Landschaft.

Rechts: Seidenreiher im Everglades National Park. In diesem Naturschutzgebiet wurden allein über dreihundertfünfzig Vogelarten gezählt.

USA – DIE OSTKÜSTE
200 km
134 Meilen
N
Highway
State Highway
Naturschutzgebiet
Sehenswürdigkeit
VT. = Vermont
N. H. = New Hampshire
MASS. = Massachusetts
CONN. = Connecticut
R. I. = Rhode Island
N. F. = National Forest
KANADA
Québec
Montreal
Ottawa
Toronto
Georgian Bay
Lake Huron
Lake Ontario
Lake Erie
Niagara Falls
Detroit
Houlton
BAXTER STATE PARK
MAINE
Calais
Bangor
Skowhegan
ACADIA NATIONAL PARK
Augusta
WHITE MOUNTAIN N. F.
Bath
Portland
Kennebunkport
Lake Winnipesaukee
York
Portsmouth
VT.
N. H.
Burlington
Montpelier
ADIRONDACK NATIONAL PARK
GREEN MOUNTAIN N. F.
Watertown
Concord
Boston
CAPE COD NATIONAL SEASHORE
Pittsfield
MASS.
Plymouth
Providence
New Bedford
Syracuse
Albany
Rochester
Buffalo
NEW YORK
Hudson
CONN.
R. I.
Hartford
New Haven
Bridgeport
New York
NEW JERSEY
Erie
Sunbury
Delaware
Princeton
Trenton
Cleveland
Harrisburg
Lancaster
Philadelphia
PENNSYLVANIA
Atlantic City
Pittsburgh
Wilmington
OHIO
MARYLAND
Baltimore
DELAWARE
Annapolis
Columbus
Ohio
WEST VIRGINIA
Washington, D.C.
Chesapeake Bay
ASSATEAGUE ISLAND NATIONAL SEASHORE
Cincinnati
SHENANDOAH NATIONAL PARK
Charleston
Charlottesville
Williamsburg
Lexington
Richmond
Petersburg
Norfolk
Beckley
KENTUCKY
VIRGINIA
Roanoke
Appalachen
Edenton
Roanoke
CAPE HATTERAS NATIONAL SEASHORE
Greensboro
Raleigh
Winston-Salem
Chapel Hill
CAPE LOOKOUT NATIONAL SEASHORE
Knoxville
NORTH CAROLINA
New Bern
GREAT SMOKY MOUNTAINS NATIONAL PARK
Asheville
Charlotte
Wilmington
SOUTH CAROLINA
Chattanooga
Florence
Columbia
Myrtle Beach
Atlanta
Savannah
Augusta
ALABAMA
Charleston
Macon
HILTON HEAD ISLAND
GEORGIA
Savannah
ATLANTISCHER OZEAN
Columbus
Tifton
GOLDEN ISLES OF GEORGIA
Chattahoochee
OKEFENOKEE SWAMP
CUMBERLAND ISLAND NATIONAL SEASHORE
Jacksonville
Tallahassee
St. Augustine
Lake City
Panama City
Apalachee Bay
Daytona Beach
Cape Canaveral
Orlando
Melbourne
Tampa
FLORIDA
St. Petersburg
Fort Pierce
Lake Okeechobee
Palm Beach
Fort Myers
Fort Lauderdale
Miami
GOLF VON MEXIKO
BISCAYNE NATIONAL PARK
EVERGLADES NATIONAL PARK
Florida Bay
FLORIDA KEYS
Key West
KANADA
USA
MEXIKO
Pazifischer Ozean
Golf von Mexiko
Atlantischer Ozean

Register

Kursive Seitenzahlen verweisen auf Abbildungen, Abkürzungen in Klammern bezeichnen die Bundesstaaten.

PERSONENREGISTER

Afroamerikaner 104, 119, 121, 123, 171
Amish People *77*, *81*, 147
Asiaten 21, 22, 23
Astor, Johann Jacob 23
Audubon, John James 145
Avilés, Pedro Menéndez de 170

Barry, Marion 48
Beecher Stowe, Harriet *48*
Bismarck, Otto von 47
Boesky, Ivan 43
Briten 13, 18, 21, 123
Bry, Theodor de 14
Burger, Warren 63

Calvinisten 13
Carnegie, Andrew *23*
Carrier, Willis H. 91
Castro, Fidel 86
Caucasians 22
Champlain, Samuel de 173
Chinesen 22
Clinton, Bill 59
Cooper, Anthony Ashley 145

Davis, Jefferson 63
Deutsche 21, 23, 59, 87, 119
Dickens, Charles 104
Drew, Daniel 23
Du Pont (Industriellenfamilie) 119, 172 f.

Edison, Thomas A. 172
Einstein, Albert 170
Eliot, Charles W. 173
Elisabeth I., Königin 121
Emerson, Ralph Waldo 49, *49*

Fiske, James 23
Ford, Henry *23*
Forster, Stephen 91
Franklin, Benjamin 21, *22*
Frick, Henry Clay 43
Frost, Robert *46*, *47*

Gardner, John C. *88*
George III., König 121
Goodyear, Charles *138*
Gould, Jay 23
Grady, Henry W. 121

Hamilton, Alexander 59
Harvard, John 19
Hawthorne, Nathaniel 49, *49*
Hearst, William Randolph *22*, 43
Henry, Patrick 170
Hispanics 13, 22, 85
Holländer 118, 172
Hooker, Thomas 116
Hopper, Edward *27*, 143
Hudson, Henry 118, 149
Hutchinson, Anne 116, 151

Immigranten 20 f., *64*, *65*
Indianer 14 f., *14*, *15*, 115, 119, 175
– Cherokees 14, 15, 175
– Creeks 14, 15
– Irokesen 15, *15*
– Narragansetts 13, 15
– Seminolen 14, 15
Iren 117
Irving, Washington 143

James I., König 121
Jay, John 59
Jefferson, Thomas *22*, 119, 120, 145, 146
Juden 21, *22*, *23*, 149

Key, Francis Scott 143
King, Martin Luther *91*, 121, 143
Kolonisten 18, 146
Kubaner 22, 85, 86

Lafayette, Marquis de 48, 149
Lateinamerikaner 21, 85
L'Enfant, Pierre-Charles 48, 105, 171
León, Juan Ponce de 122
Lincoln, Abraham *22*, 59, 67, 68, *94*
Literatur 49
Longfellow, Henry Wadsworth *48*
Lowell, Francis Cabot 147

Madison, James 59, 104, 120
Mährische Brüder (Moravians) 173
Marshall, John 170
Mason, George 120
Mason, John 116
Melville, Herman 149, 169
Milken, Michael 43
Mitchell, Margaret *48*, 68
Monroe, James 145
Montesquieu 48
Morgan (Industriellenfamilie) 151

Narvaéz, Pánfilo de 122

Oglethorpe, James Edward 170

Penn, William *16*, 118
Pennsylvania Dutch 147
Perot, Ross 62
Pilgerväter 13, 14, 116, 169, 173
Poe, Edgar Allan *48*, 145
Powell, Colin 69
Puertoricaner 119
Pulitzer, Joseph 43
Puritaner 13, *16*, 17 f., 116, 119, 144, 151

Quäker 118, 119, 169

Raleigh, Walter 121
Rockefeller, John D. 17, *23*, 151, 172
Rockwell, Norman 146
Roosevelt, Franklin D. 59, 121
Roosevelt, Theodore 62, 151

Schurz, Carl 47
Shaker-Sekte 169
Shaw, George Bernard 59
Sherman, General 68
Sklaven 67, 68, 120, 121
Sombart, Werner 47
Soto, Hernando de *17*, 122
Stuyvesant, Peter 172

Taft, William Howard 62
Thoreau, Henry David 49, *49*, 174
Transzendentalisten 49
Truman, Harry 59, 69
Twain, Mark 146

Vanderbilt, Cornelius 23
Veblen, Thorstein 151
Verrazano, Giovanni de 149

Warren, Earl 63
Washington, George 13, 15, 18, *22*, 105, 120, 146, 147, 149
Washington, Mary 146
Weber, Max 17
White, John 121
Wilder, Thornton *48*
Williams, Roger 13, 116
Williams, Tennessee 31
Wilson, Woodrow 47, 62
Wright, Gebrüder 174

Yankees 13

ORTS- UND SACHREGISTER

Abwanderung 69
Acadia National Park (ME) 173
Adirondack Mountains (NY) 143
Adirondacks Forest Preserve 143
Annapolis (MD) 143
– State House 143
Appalachen 115, 119, 120
Appalachian Trail 144, 175
Architektur 43, 46, 47, 143, 148, 170
Assateague Island National Seashore (MD) 173
Athens (GA) 143
Atlanta (GA) *142*, 143, *143*
– Auburn Avenue 143
– Cyclorama 143
– The World of Coca-Cola 143
– Underground Atlanta *135*, 143
Atlantic City (NJ) *82/83*, *84*, *85*, 92, 143

Baltimore (MD) *106/107*, 119, 143
– Fort McHenry National Monument 143

Bar Harbor (ME) 173
Bath (ME) 143
– Maine Maritime Museum 143
Baxter State Park (ME) *45*, *116*, 143 f.
Beckley (WVA) 144
– Beckley Exhibition Coal Mine 144
Besiedlungsgeschichte 13, 174
Biscayne National Park (FLA) 173 f.
Blue Ridge 115
Blue Ridge Parkway 175
Boothbay Harbor (ME) *30*, 143
Börsenkrach 43
Boston (MASS) 13, 19, 20, *28/29*, *32/33*, *87*, 117, 118, 144
– Boston Common *20/21*, 144
– Freedom Trail 144
– John Hancock Tower *28/29*, 144
– Museum of Fine Arts 144
– Public Garden 144
– State House 144
»Boston Massacre« 18
»Boston Tea Party« 18, 144
Bürgerkrieg, amerikan. 13, *18*, *19*, 63, 67, 118, 121, 143, 146, 170, 173
Bürgerrechtsbewegung 121
Burlington (VT) 144

Cadillac Mountain 173
Calvinismus 116
Cape Canaveral (FLA) 147
Cape Canaveral National Seashore (FLA) 147
Cape Cod (MASS) *31*, *35*, 115
Cape Cod National Seashore (MASS) 174, *176*
Cape Hatteras National Seashore (NC) 174
Cape Lookout National Seashore (NC) 174
Chapel Hill (NC) 144
Charleston (SC) 13, *18*, *19*, 67, 68, *118*, *132/133*, *136/137*, 145, *145*
Charlottesville (VA) 145
– Ash Lawn 145
– Monticello *144*, 145
Chesapeake Bay *114*, 115, 120, 122
»Civil Rights Act« 85

Clearwater Beach *123*, *157*
Concord (MASS) 49
Connecticut 13, *40/41*, 116, 118
Cumberland Island National Seashore (GA) 175
Cypress Gardens (FLA) 145, *158/159*

Dahlonega (GA) 143
Damariscotta (ME) 143
»Declaration of Independence« *siehe* Unabhängigkeitserklärung
Delaware 119, *119*, 149
Drogenkriminalität 86 f., 90
Durham (NC) 144

Edenton (NC) 145
Einwanderung 20 f., *64*, *65*
Eriekanal 20, 119
Erie Railroad 23
Eroberungsfeldzüge 122
Erster Weltkrieg 118, 151
Etowah (GA) 143
Everglades National Park (FLA) *169*, *174/175*, 175, *175*

Florida 13, 85, 86, 115, 116, 122 f.
Florida Keys (FLA) *122/123*, 145
Föderalismus 48
Fort Frederica National Monument (GA) 146
Fort Lauderdale (FLA) *10/11*, 91
Fort Sumter (SC) 67, 145
Frauengewerkschaften *90*
Fredericksburg (VA) 146
Freiheitsbewegung, amerikan. 18
French Creek State Park 147

Geographie 115
Georgia 120, 121, 122, *124*, *176*
Gettysburg (PA) 66, 67
»Gettysburg Address« 67
»Glass-Steagall Act« 43
Golden Isles of Georgia (GA) 146, *146/147*
Great Smoky Mountains (NC) 115
Great Smoky Mountains National Park (NC) 175

Green Mountain National Forest 146
Green Mountains (VT) 146

Harper's Ferry (WVA) *118/119*
Harrisburg (PA) *71*
Hartford (CONN) 118, 146 f.
Harvard University 19 f., *20*, *21*, 144
Hexenprozesse 13, 17, *17*
Hilton Head Island (SC) 147
Hopewell Furnace National Historic Site (PA) 147

»Indian Removal Bill« 14
Industrialisierung *60*, *60/61*, *61*, *62*
Ivy League 19 f.

Jamestown (VA) *13*, 120, 121, 172
– The James River Plantations 172
Jekyll Island (GA) *140/141*, 146
Jekyll Island Club 146
John Pennekamp Coral Reef State Park (FLA) 145

Kancamagus Highway 172
Kennebunkport (ME) 173
Kennedy Space Center (FLA) 147, *147*
Key West (FLA) 145, *166/167*
– Audubon House 145
– Hemingway House 145, *160*
Klima 115
Kolonialzeit 18, 116, 120, 151
Kolonien 13, 18, 21, 116, 121
Konföderation 63, 67, 170
Kongregationalismus 18
Kongreß 43, 48, 59, 63, 90 f., 104, 105, 118, 143
Ku-Klux-Klan 68 f., 121

Lake Placid (NY) 143
Lake Winnipesaukee (NH) *34*, *44/45*, 172
Lancaster (PA) *78/79*, 147
Longwood Gardens (PA) *173*
Lowell (MASS) 147
– Lowell National Historic and Heritage State Park 147
Luray Caverns (VA) *110/111*

Maine 13, *24*, *25*, *26/27*, *30*, *36*, 116
Maryland 66, 120, 121
Massachusetts 13, 17, 18, *38/39*, 116
Massachusetts Bay Colony 116, 151
Megalopolis 115, 121
Merrimack River 117, 118
Merritt Island National Wildlife Refuge (FLA) 147
Miami (FLA) 87, 90, 91, 123, 148
Miami Beach 91 ff., *154/155*, *165*
Mittlere Atlantikstaaten 116, 118 f., 121
Monongahela National Forest (WVA) 172
Mount Desert Island (ME) *42*, 173
Mount Katahdin (ME) *116*, 143
Mount Vernon (VA) 149
Mount Washington 172
Mount Washington Hotel 172
Myrtle Beach (SC) 149
Mystic (CONN) *40/41*, 149
– Mystic Seaport Museum 149

Naturschutzgebiete 173 ff.
Neuengland 13, 116 ff.
New Castle (DEL) 149
New Hampshire *4/5*, 13, *34*, *47*, 116
New Jersey 118, 119, 143
Newport (RI) 13, 149, *151*
– Sommerresidenzen (»cottages«) 13, 149, 151, *151*
New York (NY) *1*, *2/3*, 13, 20 ff., 43, 46 f., *53*, *58*, *64/65*, *68*, 69, 119, 149 f.
– Bronx 150
– Brooklyn 150
– Brooklyn Bridge *51*, *68/69*
– Central Park *148*, *148/149*, 149
– Chinatown *68*, 150
– Chrysler Building 47
– Empire State Building 47, 150
– Equitable Building 47
– Flatiron Building 46, *66*
– Freiheitsstatue *1*, 21, 150
– Greenwich Village 150
– Harlem 47, 69
– Lincoln Center for the Performing Arts 150

– Madison Avenue 43, *50*
– Manhattan 46, *50*, *54/55*, *56/57*, *65*, *66/67*, 118, 149
– Park Avenue 47
– Rockefeller Center 150
– Wall Street 43, *67*, *90/91*
– Washington Square *52*, 150
– Woolworth Building 47
– World Trade Center *2/3*, 47, *59*, 150
Norman Rockwell Museum 146
North Carolina *88*, *126/127*, *128/129*
North Conway (NH) *126/127*, 172

Ocracoke (NC) 174
Okefenokee Swamp (GA) *130*, 150
Orlando (FLA) 91, 150, *152*, *156*, 169
– Disney World 169, *176*
– Epcot Center 169
– Magic Kingdom 169
– Universal Studios *162/163*, *164*
Outer Banks 174
Overseas Highway 145, *168*

Palm Beach (FLA) *92*, 123, *149*
Pea Island National Wildlife Refuge (NC) 174
Pemaquid Point (ME) 143
Pennsylvania 66, *76/77*, 104, 118, 119
«Pfad der Tränen» (Trail of Tears) 15
Pflanzenwelt 145, 146, 173, 174, 175
Philadelphia (PA) 13, 18, 19, 20, 69, *70*, *72/73*, *74*, *75*, *80*, *86*, 104, 119, 169, *172*
– Independence National Historical Park 169, *173*
Piedmont-Plateau 115
Pittsburgh (PA) 169
– Blockhouse of Fort Pitt 169
– The Carnegie Science Center 169
– The Frick Art and Historical Center 169
Pittsfield (MASS) 169
– Arrowhead 169
– Berkshire Athenaeum 169
– Hancock Shaker Village 169
Plantagenwirtschaft *60/61*, *62/63*, *63*, *88*, *89*, 120, *120*, 121, *126/127*, 146
Plymouth (MASS) 13, *37*, 116, 169
– Museumsdorf 169
– Plymouth Rock 169
Portland (ME) 173
Portsmouth (NH) 151, 169
– Strawberry Banke 169
Potomac River 105, *112/113*, 149
Princeton (NJ) 104, 169 f.
Prohibition 17, 90, *90*
Protestantismus 17
Provincetown (MASS) *31*, *35*
Puritanismus 17, 49

Raleigh (NC) 145
Rassendiskriminierung 22, 63, 69, 85, 121
«Reconstruction» 121
Regierungssystem 59
Research Triangle Park 122, 145
Revolution 120, 123, 147
Rhode Island 13, *89* ,116, 117
Richmond (VA) 63, 170, 172
– Capitol Square 170
– Church Hill Historic Area 170
– Fan and Monument Avenue 170
– Jackson Ward 170
Roanoke Island (NC) 121, 174

Salem (MASS) 13, 17, *144*, 173
Saratoga Springs (NY) 143
Savannah (GA) *134*, *138*, 170
– Baumwollbörse 170
– Davenport House 170
– Green-Meldrim House 170
– Richardson-Owens-Thomas House 170
Shenandoah National Park (VA) *6/7*
Siebenjähriger Krieg 18, 123
Sklaverei 13, 14, *60/61*, 63, 67, 68, 117, 120, 121, 149
Soldatenfriedhöfe 66, 67, *170*
South Carolina *12*, 67, 68, *131*
St. Augustine (FLA) 122, 123, 170, *170*
– Castillo de San Marcos 170
– Schulhaus 170
– Spanish Quarter 170
– St. Augustine Alligator Farm 170
St. Petersburg Beach (FLA) *153*
St. Petersburg-Tampa (FLA) 123, *161*
St. Simons Island (GA) *139*
Stark (NH) *4/5*
Stone Mountain 143
Sturbridge (MASS) 171
– Old Sturbridge Village 171
Südstaaten 116, 121 f., 147

Tierwelt 143, 145, 146, 150, 173, 174, *174*, 175, *175*
Tourismus 91, 93, 118, 122, 169
«Transcendental Club» 49

Unabhängigkeitserklärung *17*, 19, 116, 145, 146, 169
Unabhängigkeitskrieg 19, 43, 48, 104, 117
Universitäten 19, 143, 144, 145, 169

Valley Forge National Historical Park (PA) 147
Verbrechensstatistik 48, 85, 86 f.
Verfassung, amerikanische 19, 48, 59, 104, 169, 171
Vermont 13, *45*, 116, *117*
Vietnamkrieg 122
Virginia 13, 63, 66, 120, 121, 122, *170*

Walden Pond (MASS) *46*, *47*, 49
Walfang 149, 174
Washington, D. C. 13, 47 f., 59, 62 f., 85, *102*, 104 f., *104*, *105*, *109*, 118, 119, *170/171*, 171
– Chesapeake & Ohio Canal 171
– Georgetown *103*, *108*, 171
– Jefferson Memorial *99*, 104, 171
– Kapitol *96/97*, 104, *104*, *105*, 171
– Library of Congress *95*, 104, 171
– Lincoln Memorial *94*, 104, 171
– Pennsylvania Avenue *100/101*, 104
– Slumviertel 104, 171
– Supreme Court 48, 63, 69, 104
– The Mall 104, 171
– Washington Monument *98*, 104, *104*, 171
– Weißes Haus 104, *170/171*, 171
Weltwirtschaftskrise 121
West Orange (NJ) 172
White Mountain National Forest 172
White Mountains (NH) *43*, 115, *117*, 172
White Sulphur Springs (WVA) 172
Williamsburg (VA) 172
– Historic Area *115*, *121*, 172
Wilmington (DEL) 172 f.
– Hagley Museum 173
– Hendrickson House 172
– Old Swedes Church 172
– Winterthur Museum 173
Winston-Salem (NC) 173
– Historic Betharbara Park 173
– Historic Old Salem 173
Wirtschaft 17
Wright Brothers National Memorial 174

Yale College 19 f.
York (ME) 173

Zoning Resolution 47
Zweiter Weltkrieg 59, 69, 92, 118, 122

ABKÜRZUNGEN

CONN	Connecticut
D. C.	District of Columbia
DEL	Delaware
FLA	Florida
GA	Georgia
MASS	Massachusetts
MD	Maryland
ME	Maine
NC	North Carolina
NH	New Hampshire
NJ	New Jersey
NY	New York
PA	Pennsylvania
RI	Rhode Island
SC	South Carolina
VA	Virginia
VT	Vermont
WVA	West Virginia

TEXTNACHWEIS

Andreas Altmann: Inselfieber, in: Merian Florida, Hoffmann und Campe Verlag, Hamburg 1994: S. 152.
Simone de Beauvoir: Amerika Tag und Nacht. Aus dem Französischen von Heinrich Wallfisch, Rowohlt Verlag, Reinbek bei Hamburg 1950: S. 70.
Arthur Holitscher: Westlich von der Freiheitsstatue, in: New York und die Ostküste. Menschen – Landschaften. Hrsg. von Till Bartels, Elefanten Press, Berlin 1989: S. 1.
Martin Luther King, Auszug aus der Rede am 28. August 1963 in Washington, D. C.: S. 124.
Wolfgang Koeppen: Amerikafahrt, Suhrkamp Verlag, Frankfurt am Main 1982: S. 94.
Walt Whitman, New York, in: Walt Whitmans Werk. Aus dem Amerikanischen von Hans Reisinger, Rowohlt Verlag, Reinbek bei Hamburg 1956: S. 50.
Thomas Wolfe, Mein Onkel Bascom, in: ders., Sämtliche Erzählungen. Aus dem Amerikanischen von Hans Schiebelhuth und Susanna Rademacher, Rowohlt Verlag, Reinbek bei Hamburg 1967: S. 24.

Alle Themen-Essays des Bandes (Seite 14, 49, 104, 120 und 151) stammen von Friedrich W. Horlacher.

BILDNACHWEIS

Archiv für Kunst und Geschichte, Berlin: S. 15 (2), 16 u., 17 M., 22 o.M. und u. (2), 23 l. (2), 48 o.l., M. und u. (2), 65 o., 66/67, 86 o., 90 o., 90/91, 91 (2).
Archiv Verlag C. J. Bucher, München: S. 87 u.
Bettmann Archive, New York: S. 20 r.u., 21 l.u., 49 (3), 62, 62/63, 64 o. und M., 65 u.l., 104 u.
Bildarchiv Preußischer Kulturbesitz, Berlin: S. 16 o., 22 o.l. und r., 23 r., 64 u., 87 o.
Bilderdienst Süddeutscher Verlag, München: S. 66 u., 67 u.
Wolfgang Bittmann, Heidelberg: S. 174 l.o.
The Granger Collection, New York: S. 17 o., 60/61 (6).
Hulton Deutsch, London: S. 20/21 o., 48 o.r., 86 u.
Interfoto, München: S. 66 l., 67 r., 104/105.
Keystone, Hamburg: S. 64/65, 65 u.r.
The Library of Congress, Washington: S. 62/63, 89 o.
Maine Historical Society, Portland: S. 14.
National Archive, Washington: S. 104 o., 105 (2).
Nantucket Historical Association, Nantucket: S. 88 u. (2), 89 r.u.
Courtesy by The Peabody Essex Museum, Salem: S. 17 u.
PRISMA/Raga, Zürich: S. 52/53.
The Rhode Island Historical Society, Rhode Island: S. 89 u.l.
Roger-Viollet, Paris: S. 18 (2), 19 (3).
Axel Schenck, Bruckmühl: S. 120 l.u.
U. S. I. S. American Embassy, Bonn: S. 90 u.
Vermont Historical Society, Montpellier: S. 88 o.

Alle übrigen Abbildungen stammen von Christian Heeb, St. Gallen.

Die Karten auf Seite 143, 148, 171 und 176 zeichnete Astrid Fischer-Leitl, München

Vor- und Hintersatz: In Deerfield, Massachusetts.

Seite 176: Im Naturschutzgebiet Cape Cod National Seashore, Massachusetts (oben); in der Villa der Familie Berry in Oak Hill bei Rome, Georgia (Mitte); der Castaway Creek in der Walt Disney World, Florida (unten).

Wir danken allen Rechteinhabern für die Erlaubnis zu Nachdruck und Abbildung. Trotz intensiver Bemühungen war es nicht möglich, alle Rechteinhaber zu ermitteln. Wir bitten diese, sich an den Verlag zu wenden.
Alle Angaben dieses Bandes wurden von den Autoren sorgfältig recherchiert und vom Verlag auf Stimmigkeit und Aktualität geprüft. Allerdings kann keine Haftung für die Richtigkeit der Informationen übernommen werden. Für Hinweise und Anregungen sind wir jederzeit dankbar. Zuschriften bitte an
Verlag C. J. Bucher, Lektorat, Goethestraße 43, 80336 München.

IMPRESSUM

Konzeption: Axel Schenck
Lektorat: Claudia Meßmer, Susanne Kronester
Bildgestaltung: Joachim Hellmuth
Bilddokumentation: Maria Guntermann
Graphische Gestaltung: Martina Lingler
Herstellung: Armin Köhler, Angelika Kerscher

Technische Produktion:
Fotosatz Ressemann, Hochstadt;
Repro Ludwig, A - Zell am See (Lithographie);
Amilcare Pizzi, I - Cinisello Balsamo (Druck und Bindung)

Printed and bound in Italy
ISBN 3 7658 1107 6